EL PODER
de
LA CRUZ

Libros de Tony Evans publicados por Portavoz:

30 días hacia la victoria a través del perdón
30 días para derribar fortalezas emocionales
Alcanza la victoria financiera
¡Basta ya de excusas!
¡Cuidado con esa boca!
Entre la espada y la pared
El matrimonio sí importa
Nunca es demasiado tarde
Oraciones para la victoria en la guerra espiritual
El poder de la cruz
El poder de los nombres de Dios
El poder de los nombres de Dios en la oración
Solo para esposas
Solo para esposos
Sexo... una relación diseñada por Dios
Tu destino
Victoria en la guerra espiritual

EL PODER
de
LA CRUZ

TONY EVANS

Editorial
PORTAVOZ

La misión de *Editorial Portavoz* consiste en proporcionar productos de calidad —con integridad y excelencia—, desde una perspectiva bíblica y confiable, que animen a las personas a conocer y servir a Jesucristo.

Título del original: *The Power of the Cross*, © 2016 por Anthony T. Evans y publicado por Moody Publishers, 820 N. LaSalle Boulevard, Chicago, IL 60610. Traducido con permiso.

Edición en castellano: *El poder de la cruz*, © 2017 por Editorial Portavoz, filial de Kregel, Inc., Grand Rapids, Michigan 49505. Todos los derechos reservados.

Traducción: Rosa Pugliese

Diseño de portada: Dogo Creativo

Ninguna parte de esta publicación podrá ser reproducida, almacenada en un sistema de recuperación de datos, o transmitida en cualquier forma o por cualquier medio, sea electrónico, mecánico, fotocopia, grabación o cualquier otro, sin el permiso escrito previo de los editores, con la excepción de citas breves o reseñas.

A menos que se indique lo contrario, todas las citas bíblicas han sido tomadas de la versión Reina-Valera © 1960 Sociedades Bíblicas en América Latina; © renovado 1988 Sociedades Bíblicas Unidas. Utilizado con permiso. Reina-Valera 1960™ es una marca registrada de American Bible Society, y puede ser usada solamente bajo licencia.

El texto bíblico indicado con "RVA-2015" ha sido tomado de Reina Valera Actualizada © 2015 por Editorial Mundo Hispano. Usado con permiso. Todos los derechos reservados.

El texto bíblico indicado con "NVI" ha sido tomado de *La Santa Biblia, Nueva Versión Internacional*®, copyright © 1999 por Biblica, Inc.® Todos los derechos reservados.

El texto bíblico indicado con "NTV" ha sido tomado de la *Santa Biblia*, Nueva Traducción Viviente, © Tyndale House Foundation, 2010. Usado con permiso de Tyndale House Publishers, Inc., 351 Executive Dr., Carol Stream, IL 60188, Estados Unidos de América. Todos los derechos reservados.

Las cursivas añadidas en los versículos bíblicos son énfasis del autor.

EDITORIAL PORTAVOZ
2450 Oak Industrial Drive NE
Grand Rapids, MI 49505 USA
Visítenos en: www.portavoz.com

ISBN 978-0-8254-5730-2 (rústica)
ISBN 978-0-8254-6613-7 (Kindle)
ISBN 978-0-8254-8769-9 (epub)

1 2 3 4 5 edición / año 26 25 24 23 22 21 20 19 18 17

Impreso en los Estados Unidos de América
Printed in the United States of America

Al Dr. Charles Ryrie
Gracias por tu aporte en mi vida,
educación, ministerio y perspectiva teológica.

CONTENIDO

Introducción: La centralidad de la cruz   9

PARTE 1: LA PERSONA DE LA CRUZ

1. La unicidad   25
2. La predicción   41
3. La muerte   57
4. La resurrección y la ascensión   69

PARTE 2: EL PROPÓSITO DE LA CRUZ

5. Los logros   85
6. La identificación   99
7. La autoridad   111
8. La libertad   123

PARTE 3: EL PODER DE LA CRUZ

9. La estabilidad   139
10. La liberación   153
11. La conmemoración   167
12. Las bendiciones   179

Conclusión: La victoria final   191

Epílogo: Unidad al pie de la cruz   201

INTRODUCCIÓN:

LA CENTRALIDAD DE LA CRUZ

COMO UN NIÑO QUE CRECIÓ en Baltimore, los sábados seguía una rutina habitual. Primero, me dedicaba a terminar las tareas de la casa que mi mamá me había encargado. Luego, cuando terminaba con esas tareas —por lo general al mediodía—, me marchaba al Diamante. El "Diamante" era un gran campo de fútbol situado a pocos minutos de mi casa, donde los chicos nos reuníamos todos los sábados para jugar fútbol americano.

Era mi pasión. A pesar de jugar al fútbol en la escuela durante la semana e incluso en cualquier partido que se jugara el viernes por la noche, todos los sábados por la tarde me podían encontrar en el Diamante.

En una ocasión estábamos todos reunidos en el Diamante para nuestro partido del sábado por la tarde. Como siempre hacíamos, habíamos elegido de qué lado jugaría cada equipo y era el momento de empezar el partido. Sin embargo, cuando cada uno ya estaba preparado en su puesto correspondiente, empezamos a mirar a nuestro alrededor en busca de la pelota. La buscamos un buen rato, ¡porque ese sábado en particular nadie había llevado una pelota de fútbol!

EL PODER DE LA CRUZ

Habíamos dedicado tiempo para ir al Diamante y habíamos elegido el lado de cada equipo; sin embargo, todo llegó a un abrupto final por la sencilla razón de que la pelota no estaba. No pudimos llevar a cabo aquello que habíamos ido a hacer, porque faltaba lo principal.

¿No es increíble que algo tan pequeño sea tan importante? No podíamos jugar al fútbol sin la pelota.

Como bien sabes, en un partido de fútbol la pelota es el factor determinante. Toda la acción, todos los planes, las estrategias, las jugadas, los pases de la pelota, los goles, el marcador, quién gana, quién pierde, todo se mide en función de la pelota. Los jugadores se pelean por la pelota, se alegran cuando la tienen y se esfuerzan al máximo por poseerla. Los partidos de la Liga Nacional de Fútbol (NFL) han generado un negocio multibillonario y atraen la mirada, la atención y la adoración de millones de fanáticos cada semana. Pero sin la pelota, no hay partido. Sin la pelota, todo lo que sucede en un estadio o en un campo de juego es una pérdida de tiempo.

La cruz: El eje central

En el cristianismo, la cruz es el eje central; lo más importante de la vida cristiana.

Lo que Jesús hizo en la cruz es el eje central. Sin la crucifixión de Cristo, no hay poder, ni libertad, ni perdón, ni autoridad, ni fuerza, ni victoria... nada en absoluto. La cruz es lo más importante.

Cada año en Semana Santa, los cristianos típicamente evocan la cruz. Recordamos que la muerte de Cristo pagó el castigo por nuestros pecados. La cruz dio lugar a una tumba vacía tres días después. La resurrección —la vida eterna— es el resultado de la muerte sacrificial de Cristo. Meditamos en la realidad de la cruz, que permite a los que creen y confían en Jesucristo pasar la eternidad en el cielo. Sin embargo, una vez que pasa la Pascua,

INTRODUCCIÓN: LA CENTRALIDAD DE LA CRUZ

frecuentemente volvemos a nuestra propia vida y tratamos de vivir sin la cruz de Cristo como lo más importante de la vida cristiana.

Esto es como si la NFL decidiera tener una pelota de fútbol solo para el Super Bowl y no tuviera a disposición ninguna pelota para las otras semanas de la temporada que culminan en la gran final. Tener una sola pelota para el Super Bowl no serviría de nada, porque sin una pelota cada semana no habría Super Bowl.

Del mismo modo, no es suficiente con reunirnos en el lugar indicado cada domingo —el templo— o con las personas adecuadas para nuestra vida: otros creyentes. No alcanza con un programa, libros, seminarios, un tiempo de adoración los domingos y un tiempo devocional privado durante toda la semana. Todo eso es bueno y esencial. Pero no significa nada sin la centralidad de la cruz: lo más importante. Si dejamos a un lado la cruz, solo nos queda el cascarón vacío llamado "religión".

Solo nos queda un conjunto vacío de reglas, requisitos y juicios para tratar de legislar la espiritualidad sin la intimidad, la gracia y el poder para vivir una vida espiritualmente victoriosa. Como resultado, el creyente vive en perpetua derrota: nunca tiene la victoria, nunca supera totalmente sus dificultades, nunca se sobrepone a sus circunstancias. No logra cumplir su destino ni su propósito, porque está viviendo sin el poder ni la liberación de la cruz. Está tratando de vivir la vida cristiana sin lo más importante, que es como tratar de jugar un partido de fútbol sin la pelota.

> LA CRUZ ES LA MAYOR AFIRMACIÓN Y DEMOSTRACIÓN DE PURO AMOR.

Muchas veces llevamos una cruz en el cuello o aretes con forma de cruz o colgamos cuadros, pancartas y réplicas en nuestros hogares y templos. Sin embargo, de ese modo corremos el riesgo de negar el verdadero significado y valor de la cruz.

Corremos el riesgo de restarle importancia a su auténtico poder. Podríamos convertirla en un amuleto de buena suerte o en un artículo de decoración. Básicamente, podríamos convertirla en nada más que una réplica para provocar culpa en vez de anunciar lo que es: la mayor afirmación y demostración de puro amor.

El problema que hoy tenemos en nuestra vida personal, nuestros hogares, nuestras iglesias y comunidades no es la falta de conocimiento ni de capacidad. Ni siquiera es un problema de falta de motivación. En nuestra cultura cristiana contemporánea, el problema es que nos hemos olvidado del propósito, preeminencia y poder de la cruz. Hoy la vemos como un símbolo de poca relevancia para nosotros a no ser en la Santa Cena o en la Pascua.

En vez de ver la cruz como un símbolo que refleja algo que sucedió hace miles de años, deberíamos verla como un suceso histórico que un día nos llevará al cielo; un hecho actual que nos ofrece todo lo que necesitamos para traer el cielo a la tierra.

Pablo: Recuerden a Cristo y la cruz

Cuando Pablo les escribe a los cristianos de Galacia, los insta una y otra vez, de una forma u otra, a recordar a Cristo y la cruz. Al concluir su carta a los gálatas, hizo lo que a menudo hacemos hoy cuando usamos letra cursiva o negrita, o cuando subrayamos o resaltamos un texto: enfatizó lo que quería decir con "grandes letras… de [su] propia mano" (Gá. 6:11). Básicamente, Pablo estaba diciendo: "No quiero que pasen por alto esto. Todo lo que he dicho hasta ahora es importante, pero esta parte es más importante".

Les recordó la cruz, su única esperanza de gloria: "Pero lejos esté de mí gloriarme, sino en la cruz de nuestro Señor Jesucristo, por quien el mundo me es crucificado a mí, y yo al mundo" (v. 14).

Hacía tiempo que el apóstol era salvo. Sin embargo, seguía diciendo: "lejos esté de mí gloriarme, sino en la cruz". Él no dejó que la realidad histórica de la cruz perdiera su relevancia contemporánea. El único punto de referencia de su vida era la cruz de Cristo. La cruz era el centro de su propia existencia. Era el poder para superar sus debilidades. Era su identidad y su esperanza.

¿Religión o relación?

La razón por la que Pablo dedicó tanto esfuerzo en enfatizar tanto la cruz en su carta a los gálatas era porque ellos estaban confundidos sobre el verdadero significado de la espiritualidad y el poder. Ya no buscaban el poder que les confería la muerte de Cristo en la cruz y el advenimiento del Espíritu Santo; sino lo que ellos mismos podían hacer en vez de lo que Cristo ya había hecho. Pablo era muy consciente de que en el corazón de ellos se había infiltrado esta mentalidad. Por eso, unos capítulos más adelante, escribe: "Todos los que quieren agradar en la carne, éstos os obligan a que os circuncidéis, solamente para no padecer persecución a causa de la cruz de Cristo" (Gá. 6:12).

Pablo estaba diciendo que lo que les impedía a los cristianos de Galacia experimentar la plenitud de Jesucristo y la abundancia de la vida cristiana era la religión. La religión se había interpuesto en el camino de la cruz.

En esa época, la circuncisión era el símbolo externo del compromiso y la participación religiosa. De hecho, había un grupo específico de judíos que seguía a Pablo a dondequiera que él iba y, cada vez que él iniciaba una iglesia, trataban de cambiar el marco de creencias de la iglesia. Este grupo, conocido como los "judaizantes" (del verbo griego *Ioudaízo* que significa "vivir conforme a las costumbres judías"), eran judíos que seguían siendo fieles a las leyes religiosas del Antiguo Testamento. Estos judaizantes trataban de convencer a los nuevos cristianos de que debían cumplir con las prácticas religiosas externas, de las cuales la principal era la circuncisión. Trataban de debilitar el mensaje de la cruz. Tenían una religión, pero no tenían una relación personal con Jesucristo.

Aunque sea sincera, cada vez que la práctica religiosa sobrepasa la relación, el poder de Jesucristo está ausente en la vida del creyente.

Uno de los mayores peligros que corren nuestras iglesias hoy es que la religión reemplace la relación íntima con el Salvador.

La *religión* es el cumplimiento externo de prácticas, códigos o normas que se ejercen en el nombre de Dios; sin embargo, se prescinde de Él. Por ejemplo, si tú vas a la iglesia porque es un deber religioso o espiritual y no por la motivación de ir a adorar a Dios, aprender de Él y entrar en su presencia, eso es religión. La religión es todo aquello que haces por Dios, que no brota de un corazón unido a Él.

> EL LEGALISMO MIDE TU ESPIRITUALIDAD POR TU ACTIVIDAD. SIEMPRE TIENES QUE HACER MÁS, SER MEJOR Y ESFORZARTE MÁS.

Recuerdo en particular un trabajo de investigación que hice cuando estudiaba en el seminario. Cuando lo entregué, me sentía muy orgulloso del esfuerzo que había puesto y la diligencia con que lo había hecho. Había logrado dominar la temática y había analizado todos los posibles elementos idiosincrásicos de los argumentos. Estaba muy satisfecho de mi trabajo escrito.

Sin embargo, cuando mi profesor me devolvió el trabajo, tenía escrito un cero rojo grande y notorio en la parte superior, junto con una nota más pequeña en la parte inferior. En una nota escueta, mi profesor había escrito: "Tony: gran trabajo. Excelente preparación. Tema equivocado".

No es que no hubiera hecho un buen trabajo; era que había hecho un buen trabajo sobre el tema equivocado. En consecuencia, no recibí el reconocimiento por lo que había hecho. El cristianismo es igual. No es que no abunden personas que hagan gran cantidad de cosas excelentes. No es que muchas de esas mismas personas no asistan a la iglesia, no ayuden a los que sufren o no digan todas las obviedades de la vida espiritual; sino que, a pesar de todas sus prácticas correctas, han perdido de vista la cruz. Han perdido de vista a Jesucristo. Entonces se preguntan por qué no están experimentando victoria, poder, esperanza y autoridad.

La razón es que, en realidad, las prácticas externas —las normas de la religión— se interponen en la relación. A menudo esas normas religiosas se denominan *legalismo*. El legalismo mide tu espiritualidad por tu actividad. En el legalismo, siempre tienes que hacer más, ser mejor, ir más allá, orar más y esforzarte más. La lista es interminable. Uno de los problemas con el legalismo es que nunca se sabe cuándo llegas al final de la lista, porque siempre hay algo más que añadir.

Pablo fue severo con aquellos que contemplaban seguir la religión de los judaizantes, cuando en Gálatas 5 escribió: "Estad, pues, firmes en la libertad con que Cristo nos hizo libres, y no estéis otra vez sujetos al yugo de esclavitud… si os circuncidáis, de nada os aprovechará Cristo… De Cristo os desligasteis, los que por la ley os justificáis; de la gracia habéis caído" (vv. 1-2, 4).

Pablo usa las expresiones "de Cristo os desligasteis" y "de la gracia habéis caído" para indicar que Jesucristo ya no es de beneficio para ti en la tierra. Pierdes toda su fuerza, intimidad, poder y todo lo que Él tiene para ofrecer, si te empecinas en ser religioso. Esta verdad es sumamente profunda. Lo que Pablo está diciendo es que la actividad religiosa puede realmente impedir que los cristianos experimenten al Señor. La práctica de la iglesia puede, en realidad, alejarnos de Cristo. La superioridad moral puede privarnos de la verdadera moralidad.

Por ejemplo, una mujer casada que se preocupa por cumplir con todas las tareas de su lista de quehaceres porque se siente bajo presión, busca aprobación o se siente intimidada por su marido, refleja una relación muy distinta a una mujer casada que cumple con la misma lista motivada por amor. La práctica podría ser la misma; de hecho, podría ser idéntica. Pero la motivación cambia el disfrute y la recompensa de la práctica.

Dios no quiere que lo sirvamos solo por un deber; Él quiere que lo sirvamos simple y puramente por amor. Él quiere nuestro corazón. Él quiere que nuestra moralidad, nuestra vida de oración, nuestra dedicación a Él y todo lo demás sean producto de nuestra relación con Él y no de nuestro deber religioso. En vez de definirnos por lo que hacemos, Él quiere que nos definamos por Aquel que nos compró: Jesucristo.

Dos crucifixiones

El apóstol Pablo menciona dos crucifixiones que deben ocurrir para poder tener una vida cristiana victoriosa: la de Jesús y la de nosotros. De sí mismo dice: "Pero lejos esté de mí gloriarme, sino en la cruz de nuestro Señor Jesucristo, por quien el mundo me es crucificado a mí, y yo al mundo" (Gá. 6:14).

En otras palabras, en la cruz, Pablo crucificó todas las cosas que pertenecen a este mundo. Al estar "crucificado" con Cristo, Pablo (1) se separó del orden de este mundo y, después, (2) se unió y se alineó con Cristo. Estas son las dos crucifixiones.

La palabra "mundo" en griego es *kósmos*. Simplemente, se refiere a un sistema mundial organizado o a un orden destinado a promover un énfasis o filosofía determinados. Por ejemplo, a menudo hablamos sobre el "mundo de los deportes", el "mundo de las finanzas" o el "mundo de la política". Estas expresiones no se refieren a una ubicación o lugar; sino a un sistema organizado inclusivo de ciertas definiciones, normas y cosmovisiones filosóficas.

Cuando Pablo afirma que ha sido crucificado con Cristo, está diciendo que ya no está vivo para el sistema de este mundo que no quiere tener en cuenta a Dios, a veces conocido como mundanalidad. El apóstol explica que estaba crucificado a las estrategias y normas establecidas para tratar de hacer que la humanidad sea aceptable a Dios, independientemente de Él.

En realidad, al mundo no le preocupa la religión. El mundo no solo tolera la religión, sino que a menudo incluso la acepta. Las religiones dominan gran parte de los sistemas de la humanidad en todo el mundo. Sin embargo, lo que el mundo no tolera es la cruz de Jesucristo. Apenas hablas de Jesús, estás siendo demasiado específico. Hablar de Dios está bien, porque es genérico y no preciso.

La cruz como nuestro eje central

Recuerda, la cruz no tiene que ver con religión. Es la expresión de un amor eterno y el pago de todos los pecados —pasados, presentes y futuros— de la humanidad, incluido los tuyos.

Si algo le sucede al eje de una rueda, los radios se desconectan. Del mismo modo, si la cruz no es el eje central de tu vida —tu identidad en Cristo—, corres el riesgo de experimentar una desconexión extrema en diversas áreas de tu vida. No permitas que el sistema de este mundo, que no tiene en cuenta a Dios, te defina. No te dejes engañar por la creencia de que puedes entrar y salir de ambas como quieras. ¿Has ido alguna vez a nadar a un océano o lago muy profundo? Si intentaras nadar a varios cientos de metros de profundidad, no sobrevivirías, por la sencilla razón de que tu cuerpo no fue hecho para ese medio ambiente. Sin el equipo de buceo adecuado, no podrías sobrevivir más que un par de minutos. Amigo, la cruz es tu equipo de buceo en este mundo. Es tu tanque de oxígeno. Es tu identidad. Es tu punto de referencia. Es tu vida. Es todo eso.

¿Por qué a tantos creyentes les resulta difícil vivir victoriosamente? Porque aceptan la cruz, pero luego dejan la cruz atrás. Jesús dijo: "Si alguno quiere venir en pos de mí, niéguese a sí mismo, y tome su cruz, y sígame" (Mt. 16:24). Él no dijo que debes cargar tu cruz y luego dejarla; sino que debes tomar y llevar tu cruz.

Se trata de una identificación continua, como señaló Pablo en su carta a los corintios: "Os aseguro, hermanos, por la gloria que de vosotros tengo en nuestro Señor Jesucristo, que *cada día muero*" (1 Co. 15:31). La cruz representa la constante relación e identificación con Jesucristo y con el propósito de su vida, muerte, sepultura y resurrección. Es el reconocimiento de una total y completa dependencia de Cristo y de su suficiencia, así como de un reconocimiento del pecado personal.

Jesús quiere ser más importante para ti que tus propias comodidades. En Lucas 14, le dijo a la atenta multitud: "El que no lleva su cruz y viene en pos de mí, no puede ser mi discípulo" (v. 27). Tú debes llevar *tu* cruz, no la cruz de Cristo. Él llevó su propia cruz. Y tú debes llevar tu cruz.

Lleva tu cruz

Tenemos algunas ideas equivocadas sobre lo que significa llevar o cargar con nuestra cruz. Algunos dicen, cuando tienen una dolencia física, problemas con los suegros o vecinos ruidosos: "Bueno, tengo que llevar la cruz". Ninguna de estas situaciones constituye una cruz.

En la época de los romanos, cuando un convicto llevaba su cruz hasta el lugar de su ejecución, era una demostración de que era culpable del delito por el que se le condenaba. Llevar tu cruz significa hoy soportar la afrenta de Jesucristo. Es estar tan identificado con Él que, cuando te acusan de ser un cristiano, aceptas que eres culpable. Cuando alguien te acusa de ser su discípulo, dices: "Me descubriste". Llevar tu propia cruz es admitir públicamente que estás comprometido con Cristo, que eres culpable de ponerlo a Él primero.

Una joven lleva su cruz cuando le dice a su novio: "No puedo acostarme contigo porque soy cristiana". Un hombre de negocios

INTRODUCCIÓN: LA CENTRALIDAD DE LA CRUZ

lleva su cruz cuando dice: "No puedo hacer eso porque es inmoral y no corresponde a un discípulo de Cristo como yo". Llevar tu cruz es morir a ti mismo y a lo que tú quieres; significa poner primero a Jesús. No es cómodo llevar una cruz.

La religión y los títulos religiosos no significan nada. Lo que importa es tu identificación con Jesucristo y la vida nueva que Él te da. Pablo le dijo a la iglesia de Corinto: "De modo que si alguno está en Cristo, nueva criatura es; las cosas viejas pasaron; he aquí todas son hechas nuevas" (2 Co. 5:17).

La victoria en tu vida diaria, tus decisiones, tus emociones, tus finanzas y en todas las cosas depende por completo de tu devoción por Jesucristo y por lo que Él hizo en la cruz por ti. Descansa en su obra, no en tus propias obras. Tiene que ver con la nueva criatura que eres, no con la carne.

Pablo concluye su carta a los creyentes de Galacia con este pensamiento final de reflexión sobre el fruto de una vida vinculada a la cruz: "Y a todos los que anden conforme a esta regla, paz y misericordia sea a ellos" (Gá. 6:16). ¿Por qué tantas personas hoy viven sin paz? Porque no se están alineando bajo el poder perfecto de la cruz.

Pablo dice que si tú vives conforme al principio de la cruz; es decir, pones en línea tus pensamientos y tus acciones con la centralidad de la cruz, experimentarás las bondades de Dios, que incluyen paz y misericordia. Sin embargo, cuando estás satisfecho solo con la religión o la práctica religiosa —o incluso cuando pones tu confianza en tus prácticas religiosas para obtener el favor de Dios—, te has desligado de Cristo y has caído de la gracia.

Caer de la gracia es un incidente bastante drástico. La gracia es la provisión de todo lo que necesitas para vivir una vida de abundancia y paz. Para comprender mejor lo que significan las expresiones "de Cristo os desligasteis" o "de la gracia habéis caído", vamos a hacer una comparación con la electricidad. La electricidad es el flujo de energía que hace que las cosas funcionen en tu hogar. Prácticamente, toda tu casa funciona gracias a la electricidad. Los electrodomésticos, las luces, la calefacción, el aire acondicionado, las computadoras y la televisión funcionan porque reciben electricidad. Si se corta la electricidad, el flujo de energía se detiene y los electrodomésticos y las luces no funcionan, aunque los sigas teniendo.

Estar desligado de Cristo o caer de la gracia significa que el flujo de lo que Dios quiere hacer en ti y por medio de ti se ha detenido. Básicamente, estás desenchufado o desconectado del poder de Jesús, a pesar de que todavía tienes toda la parafernalia de la religión. Por tanto, pierdes la esperanza, la paz y el denuedo y tu fe se debilita.

Sin embargo, los que viven conforme al principio de la cruz experimentan una paz que sobrepasa todo entendimiento. El Espíritu de Dios impregna todo lo que hacen de tal manera que empiezan a pensar, a vivir, a amar de manera diferente. Esto se debe a que el fluir del Espíritu, la electricidad que recibimos por lo que Jesús hizo en la cruz, nos da poder y Dios obra en nosotros.

Nunca permitas que la religión se interponga en el camino de tu relación con Jesucristo. Antes bien, quítate la cruz que cuelga de tu cuello y, en cambio, lleva tu cruz. Has sido crucificado con Cristo para que puedas vivir como la nueva criatura que realmente eres.

Sinopsis del libro

Para ayudarte en este nuevo descubrimiento de la incorporación de la *persona*, el *propósito* y el *poder* de la cruz en tu vida, en las partes 1 a 3 profundizaremos en estos temas. Comenzaremos por estudiar la persona de Jesucristo: qué lo hace único, cómo fue preanunciado a través de profecías y tipología, así como también cómo su humillación, muerte y resurrección le coronó como Señor de todo.

Luego veremos el propósito de la cruz: qué hizo por noso-

INTRODUCCIÓN: LA CENTRALIDAD DE LA CRUZ

tros, cómo está destinada a ser el eje central de nuestra vida y la autoridad que no tan solo tiene, sino que nos ofrece también.

Finalmente, analizaremos el poder de la cruz en tu vida diaria, incluso la estabilidad que proporciona, la liberación que ofrece y el poder de su constante evocación.

Te felicito por decidirte a estudiar este tema para conocer todo lo que Dios ha hecho y te ofrece a través de su Hijo y su muerte en la cruz.

PARTE I

LA PERSONA DE LA CRUZ

I

LA UNICIDAD

JESUCRISTO ES una persona única en su especie en toda la historia. Jesús de Nazaret, el Inigualable, sin lugar a dudas, ha sido el tema de más libros, más canciones y más devoción que cualquier otro en el mundo. Su aparición en la tierra fue tan monumental, que la historia se dividió en antes de Cristo (a.C.) y después de Cristo (d.C.). La importancia del tiempo para nosotros está determinada por la presencia de Jesucristo en la historia.

En una ocasión, los discípulos de Jesús se hicieron una pregunta que la gente se ha seguido haciendo casi dos mil años después. Los doce le habían visto calmar una tempestad en el mar de manera milagrosa. Luego se miraron unos a otros y se preguntaron: "¿Qué clase de hombre es este?" (Mt. 8:27, NVI). En otras palabras, ¿quién es este Jesús? Los Evangelios y el resto del Nuevo Testamento se han escrito para responder esa pregunta y explicar su incidencia en nuestra vida.

En la parte 1 veremos el más importante de todos los temas, teniendo en cuenta la unicidad y la autoridad de Jesús, y luego estudiaremos más a fondo su muerte y resurrección.

Su identidad única

Jesús es sin igual, porque es la única persona que existía

antes de nacer (ver Jn. 1:1, 14) y es el mismo ayer, hoy y siempre (He. 13:8, NTV). Eso lo convierte en una *Deidad*. Pero es más que una Deidad. Es la única persona cuya concepción terrenal no tuvo relación con su origen. En virtud de su nacimiento como un hombre, Jesucristo es ahora *tanto el Hijo de Dios como el Hijo del Hombre*. Es una Deidad y es un ser humano. Es Dios-hombre: la Deidad encarnada, Dios hecho carne.

Su naturaleza es "verdadero Dios del Dios verdadero", para usar una frase que han acuñado los teólogos en referencia a la naturaleza divina de Cristo. Muchos respetan a Jesucristo como una gran persona, un maestro inspirador y un gran líder, pero rechazan su deidad.

Eso es una herejía. No puedes tener en alta estima a Jesús y a la vez negar que es el Dios eterno, un concepto que el mismo Jesús aclaró a los líderes religiosos, las multitudes y sus discípulos más cercanos (p. ej.: Jn. 8:23-24, 28-29; 10:30-37).

Jesucristo afirmó ser Dios de manera clara y directa cuando dijo: "Yo y el Padre uno somos" (Jn. 10:30). Esta afirmación es significativa porque el género de la palabra "uno" es neutro, y da a entender que Él y su Padre son uno, perfecto en naturaleza y unificado en esencia. Esta era una afirmación personal de total igualdad con el Padre. Quienes escucharon esta declaración entendieron claramente que era una afirmación de deidad, ya que inmediatamente quisieron apedrearlo por la blasfemia de hacerse igual a Dios (v. 33).

Cuatro pruebas de su deidad

Podríamos usar varios argumentos para demostrar la deidad de Jesús, pero quiero considerar cuatro de ellos.

La primera prueba de la deidad de Jesús es su preexistencia. Ya hemos dicho que Cristo existía antes de su nacimiento. El profeta Miqueas declaró su preexistencia de esta manera: "Pero tú, Belén Efrata, pequeña para estar entre las familias de Judá, de

LA UNICIDAD

ti me saldrá el que será Señor en Israel; y sus salidas son desde el principio, desde los días de la eternidad" (5:2).

Este es un versículo significativo por varias razones; en principio, por la exactitud en profetizar el lugar de nacimiento de Jesús. He visitado Belén y, aún hoy, es una ciudad pequeña. Sin embargo, era aún más pequeña y más insignificante en los días de Jesús. Por lo tanto, era aún más sorprendente que Miqueas predijera que Belén sería el lugar de nacimiento del Mesías, porque era como decir a los lectores dónde encontrar una aguja en un pajar. Pero observa lo que declaró el profeta sobre Aquel que nacería en Belén. Él no tenía principio; sus orígenes vienen desde la eternidad.

Asimismo, el profeta Isaías dio a Jesús el título de "Padre Eterno" (9:6) o "Padre de la eternidad" en su profecía de la primera y segunda venida de Jesús. Puesto que Jesús es el Padre de la eternidad, también es el Padre o iniciador del tiempo. Pero solo podía ser iniciador del tiempo si existía antes del tiempo. Este versículo habla de su preexistencia y dice que la naturaleza de Cristo es diferente a la de cualquier ser humano.

Los profetas no fueron los únicos que enseñaron sobre la preexistencia de Jesús. Él mismo lo declaró en una interacción que dejó atónitos y furiosos a sus detractores judíos. Ellos habían acusado a Jesús de tener un demonio (Jn. 8:52), porque afirmaba que todo aquel que creyera en Él no moriría. Entonces lo injuriaron y le hicieron esta pregunta: "¿Quién te haces a ti mismo?" (v. 53). Era una excelente pregunta, pero no les gustó la respuesta de Jesús, especialmente cuando les dijo: "Abraham vuestro padre se gozó de que había de ver mi día" (v. 56).

Los líderes judíos respondieron: "Aún no tienes cincuenta años, ¿y has visto a Abraham?" (v. 57). Estaban enojados porque Jesús hacía afirmaciones que ningún hombre había hecho jamás. Después, Jesús hizo esta importantísima declaración: "De cierto, de cierto os digo: Antes que Abraham fuese, yo soy" (v. 58).

No pases por alto la importancia del tiempo verbal que Jesús usó aquí. Estaba haciendo una afirmación concluyente. Él no dijo: "Antes que Abraham fuese, yo era"; sino "soy". Esto es muy significativo, porque "YO SOY" es el nombre con el que Dios se identificó cuando envió a Moisés a rescatar a Israel de Egipto.

"Y respondió Dios a Moisés: YO SOY EL QUE SOY... Así dirás a los hijos de Israel: YO SOY me envió a vosotros" (Éx. 3:14). Este es el término que transliteramos como "Yahveh", el Dios que existe en sí mismo. Este nombre describe la naturaleza personal, autosuficiente y eterna de Dios. El Dios eterno no tiene pasado, de modo que no puede decir: "Yo era". No tiene futuro, de modo que no puede decir "Yo seré". Dios ya existe en la eternidad.

Al adoptar el nombre más personal y santo de Dios, Jesús afirmó ser igual a Dios

El tiempo es importante para nosotros, porque no somos independientemente autosuficientes y eternos. Cuando Jesús les dijo a los judíos que Él era anterior a Abraham, estaba afirmando no solo su preexistencia, sino su Deidad.

La segunda prueba de la deidad de Jesús fue que Él se hizo igual a Dios. Al adoptar el nombre más personal y santo de Dios, "Yo soy", de Juan 8:58, Jesús afirmó ser igual a Dios. Sus oyentes entendieron esto perfectamente, pues en esta ocasión también quisieron apedrearlo por blasfemia (v. 59).

La afirmación de Jesús es aún más fuerte en Juan 5:17-18: "Mi Padre hasta ahora trabaja, y yo trabajo. Por esto los judíos aun más procuraban matarle, porque no sólo quebrantaba el día de reposo, sino que también decía que Dios era su propio Padre, haciéndose igual a Dios". Aquellos que estaban con Él entendieron que se estaba haciendo igual a Dios, porque afirmaba ser de la misma esencia de Dios.

En otras partes de la Biblia se iguala a Jesús con Dios. Génesis

1:1 dice que Dios creó el mundo. Pero Colosenses 1:16 dice que en Jesús "fueron creadas todas las cosas". O bien tenemos dos Creadores, o bien el Dios de Génesis 1 es el Dios de Colosenses 1.

El apóstol Juan hizo idénticas afirmaciones de Jesús cuando empezó su Evangelio con estas palabras: "En el principio era el Verbo, y el Verbo era con Dios, y el Verbo era Dios" (Jn. 1:1). Entonces el Verbo se diferencia de Dios, sin embargo, el Verbo es igual a Dios.

Juan no nos deja dudas sobre la identidad del Verbo. "Y aquel Verbo fue hecho carne, y habitó entre nosotros (y vimos su gloria, gloria como del unigénito del Padre), lleno de gracia y de verdad" (Jn. 1:14). Luego agregó: "A Dios nadie le vio jamás; el unigénito Hijo, que está en el seno del Padre, él le ha dado a conocer" (v. 18).

Cuando unimos estos tres pasajes, obtenemos una perfecta descripción de Jesucristo. Él se diferencia de Dios, sin embargo, es igual a Dios. Tomó forma humana con el propósito de hacer visible a los seres humanos al Dios invisible. El escritor de Hebreos dijo que Jesús es "el resplandor de su gloria, y la imagen misma de su [Dios] sustancia, y quien sustenta todas las cosas con la palabra de su poder" (He. 1:3).

> EN HEBREOS 1:8, DIOS PADRE LLAMA A SU HIJO "DIOS". NADA PODRÍA SER MÁS CLARO QUE ESO.

De modo que no permitas que nadie te diga que Jesús es un gran hombre o simplemente un hijo de Dios. Él es Dios, el Hijo. Hay una expresión aun más fuerte en Hebreos 1:8, porque aquí Dios mismo es el que habla. "Mas del Hijo dice: Tu trono, oh Dios, por el siglo del siglo". Dios Padre llama a su Hijo "Dios". Nada podría ser más claro o directo que eso. Con razón Pablo escribió lo mismo sobre Jesús: "Porque en él habita corporalmente toda la plenitud de la Deidad" (Col. 2:9).

No se puede proclamar esto acerca de nadie más. Jesús afirmó ser igual a Dios, y los escritores de las Escrituras respaldaban constantemente esa afirmación.

Una tercera prueba de la deidad de Jesús es que aceptaba con beneplácito la adoración de sus discípulos y otros seguidores. Para un simple ser humano hacer eso sería una blasfemia. Pero los discípulos de Jesús le reconocían como Dios y, después de su resurrección y ascensión, no tuvieron dudas en proclamarlo.

Un ejemplo de esta adoración es esa importante escena en Juan 20 cuando Jesús se apareció a los discípulos después de su resurrección. Tomás no había estado presente en la aparición anterior, y dijo que no creería si no lo veía con sus propios ojos (v. 25). Entonces Jesús se apareció a los discípulos e invitó a Tomás a tocar sus manos y su costado para que creyera (v. 27). Tomás respondió: "¡Señor mío, y Dios mío!" (v. 28).

Jesús no solo aceptó las palabras de adoración de Tomás, sino que dijo que todos aquellos que creen en Él son "bienaventurados" (v. 29). Observa que cuando Tomás expresó: "¡Señor mío, y Dios mío!", Jesús no rechazó su adoración, sino que le dijo: "Porque me has visto, Tomás, creíste". Él aceptó la adoración que solo le pertenece a una Deidad. Encontramos otros ejemplos de adoración a Jesús en los Evangelios. Anteriormente, en el ministerio de Jesús, los discípulos lo adoraron después de calmar una tormenta (Mt. 14:33). Incluso los demonios reconocieron su deidad, aunque Jesús los silenció (Mr. 1:23-25). Pero el mismo Jesús ofreció la prueba más contundente de su divinidad. Respondió a la tentación de Satanás con la declaración: "Vete, Satanás, porque escrito está: Al Señor tu Dios adorarás, y a él sólo servirás" (Mt. 4:10).

Jesús dijo que la adoración le pertenece solo a Dios, sin embargo, Él recibía esa adoración. Solo Dios podía decir lo que Jesús dijo.

Una cuarta prueba de la deidad de Jesús es su calidad de miembro de la Trinidad. Tito 2:13 dice que Jesucristo es "nuestro gran Dios y Salvador Jesucristo". La Biblia enseña que Jesucristo es el Hijo de Dios y, a la vez, enteramente Dios. También enseña que Dios Padre es Dios. La pregunta que la iglesia primitiva se hacía era cómo Jesús podía ser Dios y, a la vez, diferenciarse del Padre como el Hijo.

Un niño de nuestra iglesia una vez me preguntó: "Pastor, si Jesús es Dios, entonces a quién le habló en la cruz cuando dijo: 'Dios mío, Dios mío, ¿por qué me has desamparado?'. ¿Estaba hablando con Él mismo?".

Esta es una pregunta muy perceptiva. Jesús no estaba hablando consigo mismo en la cruz, sino con el Padre. Podemos afirmar esto con plena confianza, porque la Biblia enseña que la Divinidad está compuesta por tres personas distintas, sin embargo, iguales, que comparten la misma esencia divina: Padre, Hijo y Espíritu Santo. Utilizamos el término "Trinidad" para referirnos a esta verdad fundamental.

De modo que cuando hablamos de Dios, podríamos estar hablando ya sea de la Divinidad corporativamente o de cualquiera de las tres personas que conforman la Divinidad. La Palabra de Dios enseña la deidad de Jesús, porque lo presenta como un miembro de la Divinidad, la divina Trinidad. Jesús se presentó diferente del Padre cuando se identificó como "el Hijo de Dios" (Jn. 10:36, NVI). Sin embargo, apenas unos minutos antes de decir eso, también dijo: "Yo y el Padre uno somos" (v. 30).

La unidad de la Trinidad y, aun así, la distinción de sus tres miembros es evidente en la comisión de Jesús a sus discípulos. Él los mandó a bautizar a los que creyeran "en el nombre del Padre, y del Hijo, y del Espíritu Santo" (Mt. 28:19). Normalmente, esperaríamos leer la forma plural "nombres" aquí, porque Jesús mencionó tres nombres. Sin embargo, usó el singular de "nombre". De modo que podemos concluir que, o bien Jesús se equivocó, o bien usó el singular a propósito, porque los tres miembros de la Divinidad componen una entidad.

No hay dudas de cuál es la conclusión correcta. El nombre de Dios es singular, porque el Dios trino es un solo Dios. Esto es congruente con lo que enseñan las Escrituras. Pablo terminó una de sus cartas con esta bendición: "La gracia del Señor Jesucristo, el amor de Dios, y la comunión del Espíritu Santo sean con todos vosotros" (2 Co. 13:14). Pablo integró las tres personas de la Divinidad, porque son uno.

La Trinidad no es un concepto fácil de entender, porque no hay nada igual en el universo. Sin la Biblia no tendríamos conocimiento de esta clase de existencia. Va más allá de nuestro entendimiento pensar en un Dios que existe en tres personas iguales, con distintas personalidades, pero con la misma esencia. Se han hecho varias ilustraciones para explicar la Trinidad, pero ninguna lo logra en su totalidad, porque la Trinidad es única.

Por ejemplo, alguien ha sugerido la ilustración del agua, el hielo y el vapor. Los tres elementos están compuestos por la misma esencia, sin embargo, son formas distintas de esa esencia. El problema con esto es que si lo aplicamos a la Trinidad, da a entender que Dios aparece a veces como el Padre, a veces como el Hijo y a veces como el Espíritu Santo. Pero es una herejía, porque la plenitud de la Divinidad siempre está presente en cada miembro de la Trinidad.

Otra ilustración habitual de la Trinidad es el huevo. Un huevo tiene tres partes: la cáscara, la yema y la clara (albúmina). El problema con esta ilustración es que ninguna de las tres partes puede definirse en sí misma como un huevo. Son solo partes del huevo. Pero la plenitud de la Deidad reside en cada miembro individual de la Divinidad. Jesucristo no es en parte Dios; Él es enteramente Dios. Lo mismo se puede decir del Padre y del Espíritu Santo.

La mejor ilustración de la Trinidad que he encontrado es la

rosquilla *pretzel*. Una típica rosquilla *pretzel* tiene tres círculos o agujeros formados con la masa. Estos agujeros son distintos uno del otro, y cada agujero es entero en sí mismo. Sin embargo, los tres agujeros están entrelazados, porque pertenecen a la misma pieza de masa. Tienen la misma característica. Son una sola rosquilla *pretzel*, no tres. Esta no es una ilustración perfecta, pero creo que es la más cercana al concepto. La doctrina bíblica de la Trinidad establece la plena deidad de Jesucristo. Él es Dios.

Dios se hizo hombre

Sin embargo, Jesús también es hombre. Participa de la naturaleza de la Deidad, porque es el Hijo de Dios. También participa de la naturaleza de la humanidad, porque es el "Hijo del Hombre". De hecho, este fue el distintivo favorito de Jesús.

Jesús dejó el cielo y se hizo hombre, que es lo que conocemos por el término "encarnación". Jesús se hizo carne, un suceso profetizado en las Escrituras cientos de años antes que Jesús naciera. Dos profecías del libro de Isaías y su cumplimiento en el Nuevo Testamento hacen una descripción de la naturaleza humana de Jesús. Él era enteramente humano, sin embargo, único en varios aspectos importantes.

La distinción más importante de la naturaleza humana de Jesús es que nació de una virgen. En Isaías 7:14, el profeta escribió: "Por tanto, el Señor mismo os dará señal: He aquí que la virgen concebirá, y dará a luz un hijo, y llamará su nombre Emanuel". Dos capítulos después hay una segunda profecía: "Porque un niño nos es nacido, hijo nos es dado" (9:6).

Observa qué meticuloso es el Espíritu Santo con las palabras que usa aquí. El Hijo "nos es dado", no nacido. ¿Por qué? Porque como Hijo de Dios, Jesús ya existía. Pero el niño "nos es nacido" es una referencia al nacimiento de Jesús en Belén. Dios Padre nos dio a su Hijo a través de una concepción sobrenatural en carne y hueso mediante el proceso del nacimiento humano. Pablo unió esas dos profecías de Isaías cuando escribió: "Pero cuando vino el cumplimiento del tiempo, Dios envió a su Hijo, nacido de mujer y nacido bajo la ley" (Gá. 4:4).

Dios "envió" al Hijo, porque el Hijo "nos es dado" (Is. 9:6). Jesús era "nacido de mujer", porque "un niño nos es nacido". Esta es la encarnación de Jesucristo. La historia del nacimiento de Jesús confirma su carácter distintivo como Dios hecho carne. Mateo dice que el suceso del nacimiento de Jesús "aconteció para que se cumpliese lo dicho por el Señor por medio del profeta [Isaías]" (Mt. 1:22). Antes de esta declaración, Mateo antepuso las razones específicas del nacimiento de Cristo: "Y dará a luz un hijo, y llamarás su nombre JESÚS, porque él salvará a su pueblo de sus pecados" (Mt. 1:21).

Básicamente, Jesús fue un niño que nació para morir. María lo sabía. José lo sabía. Incluso los sabios que fueron al pesebre a adorar al niño, que los había creado, lo sabían. Por eso los regalos que le llevaron fueron oro, incienso y mirra. Particularmente, la mirra es una resina costosa usada como un perfume, sin embargo, también se usaba para preparar a los cuerpos para la sepultura (Jn. 19:39). Los sabios le llevaron a Jesús esta fragancia de sepultura por la misma razón por la cual María envolvió a su recién nacido en pañales. Las tiras de tela mantenían los brazos del recién nacido derechos durante sus primeros días. Esas tiras de tela eran como las que se usaban para envolver a los muertos. El significado tanto de los pañales como de la mirra no es una incógnita en Mateo, quien anuncia que este niño había nacido para quitar los pecados del mundo.

Es de destacar que el escritor del Evangelio dio otro testimonio del carácter distintivo de la naturaleza humana de Jesús. Mateo concluyó la genealogía del Señor y escribió: "y Jacob engendró a José, marido de María, de la cual nació Jesús, llamado el Cristo" (Mt. 1:16). La expresión "de la cual" es muy importante aquí, porque es un pronombre relativo del singular femenino.

LA UNICIDAD

Es muy importante, porque la Biblia está diciendo que Jesús fue concebido a través de María, no de José.

Esto, en otras palabras, es un testimonio meticuloso de su nacimiento virginal. José es importante en la genealogía de Jesús, porque Mateo está mostrando que José era descendiente de David. Puesto que José era el padre legal de Jesús —aunque no biológico—, Jesús tenía un derecho legítimo al trono de David. Jesús fue concebido por el Espíritu Santo (Lc. 1:35), no por José, para que su naturaleza humana no tuviera pecado. Por eso lo llamarían "el Hijo de Dios" en su nacimiento.

La humanidad de Jesús tuvo un origen tanto celestial por medio del poder del Espíritu Santo como un origen terrenal por medio de María.

> JESÚS FUE ENTERAMENTE HUMANO. PODÍA CANSARSE Y TENER SED, TENÍA EMOCIONES HUMANAS, PORQUE LLORÓ EN LA TUMBA DE LÁZARO.

Puesto que la naturaleza de Jesús es diferente a la de nosotros en cuanto a que no tuvo pecado y que nació de una virgen, a lo largo de la historia de la Iglesia algunos negaron que su humanidad fuera real. Ellos creían que solo parecía humano. Pero esa es otra herejía que niega la veracidad de su vida y su muerte por el pecado.

No te equivoques, Jesús fue enteramente humano. Los Evangelios lo demuestran una y otra vez. Él fue el Dios que creó todo, el Dios que nunca se cansa ni duerme. Sin embargo, en su humanidad, podía cansarse y tener sed (Jn. 4:6-7). Sabemos que Jesús tenía emociones humanas, porque lloró en la tumba de Lázaro (Jn. 11:35) y sentía compasión por la gente (Mt. 9:36). Él también nos amó con amor eterno. Y tenía un alma y un espíritu humano (Mt. 26:38; Lc. 23:46), como todos los seres humanos.

A algunas personas les cuesta entender la naturaleza humana de Jesús, porque piensan que si fue humano, tuvo que haber tenido pecado. No es así cuando el Espíritu Santo supervisa el proceso del nacimiento. Ya hemos notado que Jesús fue concebido por el Espíritu Santo y así evadió la naturaleza humana pecadora de José como el padre. La misma objeción surge de la Biblia. Se argumenta que si los escritores de la Biblia fueron seres humanos, debe tener errores. Eso podría ser verdad excepto por un detalle: el Espíritu Santo supervisó la redacción de las Escrituras para preservarlas del error (2 P. 1:21).

Lo que el Espíritu hizo con la Palabra de Dios escrita, lo hizo con la Palabra de Dios encarnada: Jesucristo. El Espíritu administró la concepción tanto de la Palabra escrita como de la encarnada, de tal manera de que ninguna tuviera contaminación humana. Pablo escribió que Jesús "no conoció pecado" y fue el sacrificio perfecto que "por nosotros lo hizo pecado, para que nosotros fuésemos hechos justicia de Dios en él" (2 Co. 5:21).

Si Jesús fue solo un ser humano pecador, su muerte no habría podido salvarnos. Según Hebreos 4:15, el ministerio presente de Jesús en el cielo como nuestro Gran Sumo Sacerdote radica en su falta de pecado. Él no podría ayudarnos en nuestra debilidad si hubiera sido tan pecador y débil como nosotros.

La deidad y la humanidad de Jesús

Las dos naturalezas de Jesucristo forman lo que los teólogos llaman *la unión hipostática*. Este es un término técnico que designa la unión de la Deidad inalterable y la humanidad legítima, aunque sin mezclarse, en una sola persona para siempre. En otras palabras, Jesús no fue menos Dios cuando se convirtió en un hombre legítimo. Él fue enteramente hombre, pero sin pecado. Es importante que entendamos que Jesús es una persona, no dos. Él es Dios-hombre, no a veces Dios y a veces hombre. Él es una persona con dos naturalezas. Jesús tiene una naturaleza enteramente humana y una naturaleza divina, que lo hace único. Ningún otro es Dios hecho hombre; Dios hecho carne.

LA UNICIDAD

Un pasaje de las Escrituras presenta sus dos naturalezas: Filipenses 2:5-11. Analizaremos con mayor detalle este excepcional pasaje más adelante, pero concluimos este capítulo con los puntos destacados de esta unión para mostrar que este texto nos muestra cómo deberíamos vivir en respuesta a lo que Jesús hizo cuando tomó la naturaleza humana. Resulta significativo que en los versículos 3 y 4, como prólogo de este pasaje, el apóstol Pablo llama a los creyentes a ser humildes y no orgullosos, a buscar el bien de los demás en vez de su propio bien, así como Jesús vivió cuando estuvo en la tierra.

Después escribió: "Haya, pues, en vosotros este sentir que hubo también en Cristo Jesús, el cual, siendo en forma de Dios, no estimó el ser igual a Dios como cosa a que aferrarse" (vv. 5-6). Esta es una tremenda declaración de la deidad de Jesús. Ya existía como Dios antes de su nacimiento en Belén. Era igual al Padre en su esencia divina. Esta es una breve definición de lo que la Biblia dice sobre la deidad de Jesús.

Luego encontramos la humanidad de Jesús, "que se despojó a sí mismo, tomando forma de siervo, hecho semejante a los hombres" (v. 7). ¿Significa esto que Jesús se despojó de su deidad? No, en absoluto. Era imposible que Jesucristo pudiera dejar de ser Dios. Este versículo no habla de aquello de lo cual Jesús se vació, sino de aquello de lo cual se llenó. Es como verter algo de una jarra a la otra. Jesús tomó toda su deidad y la vertió en otra vasija "tomando forma de siervo".

> JESÚS VINO COMO UN SIERVO HUMILDE, LO CUAL SIGNIFICA QUE NO HAY NADIE CON QUIEN JESÚS NO SE PUEDA IDENTIFICAR.

Él no dejó de ser quién es, sino que cambió la forma de quién es. Cuando vino a la tierra, Jesús pasó de su forma glorificada preexistente y vertió la totalidad de su deidad en una forma humana. El solo hecho de convertirse en un ser humano era suficiente humillación para el Hijo de Dios. No obstante, Jesús

EL PODER DE LA CRUZ

tomó "forma de siervo", un esclavo, la posición más baja de la jerarquía social de esa época.

Podríamos decir que Él, que es el verdadero Dios del Dios verdadero, tomó forma de "verdadero siervo del siervo verdadero". Por eso la mayoría de la gente en la época de Jesús pasó por alto su nacimiento. La gente buscaba un rey, no un siervo. Esperaba un rey que naciera en un palacio y en una familia de padres ricos, no en un establo y en la más pobre de las familias.

Jesús vino como un siervo humilde, lo cual es una buena noticia para nosotros, porque eso significa que no hay nadie con quien Jesús no se pueda identificar. Si no perteneces a una clase social muy alta, Jesús te entiende porque Él tampoco lo fue. Y no importa cuán alta pueda ser tu clase social, la posición de Jesús es mucho más alta, porque Él es el Hijo de Dios.

Cuando Jesús se hizo hombre, fue "hecho semejante a los hombres" (Fil. 2:7). Aunque Jesús fue mucho más que solo un hombre, aquellos que lo veían lo consideraban un simple hombre. Jesús no se paseaba con un halo alrededor de su cabeza. Él era como cualquier hombre.

Lucas 2:52 dice que Jesús crecía igual que todos los hombres: física, espiritual, emocional y socialmente. Isaías dijo que no había en la apariencia humana de Jesús "belleza ni majestad alguna", que hiciera que la gente se parara y lo mirara dos veces (53:2, NVI). Jesús no solo nació en condiciones humildes, sino que, "estando en la condición de hombre, se humilló a sí mismo, haciéndose obediente hasta la muerte, y muerte de cruz" (Fil. 2:8).

En su sacrificio por nuestros pecados, Jesús aceptó con humildad la más dolorosa y humillante forma de muerte que los romanos podían imponer. En la crucifixión de Jesús obtenemos la idea de lo que significa cuando la Biblia dice que se humilló a sí mismo. Jesús decidió dejar a un lado el uso independiente de sus atributos divinos y se sometió por completo a la voluntad de su Padre. ¿Cómo sabemos esto? Porque cuando Pedro atacó al

LA UNICIDAD

siervo del sumo sacerdote, Jesús le dijo que podía llamar a más de doce legiones de ángeles que lo defendieran si Él lo deseaba (Mt. 26:53). Pero Jesús no hizo eso, aunque sabía que el verdadero sacrificio por el pecado significaba sufrir y morir. Él no podía recurrir a su poder divino para destruir a Satanás; Él debía someterse a la muerte.

Desde luego que Filipenses 2 no termina con el versículo 8. Porque Jesús fue obediente hasta la muerte... "Por lo cual Dios también le exaltó hasta lo sumo, y le dio un nombre que es sobre todo nombre, para que en el nombre de Jesús se doble toda rodilla... y toda lengua confiese que Jesucristo es el Señor, para gloria de Dios Padre" (vv. 9-11).

El honor que Jesucristo merece es honor intrínseco, porque Jesús es el Rey del universo, el único Dios-hombre ante quien toda rodilla se doblará algún día. Cuando entendemos y conocemos verdaderamente quién es Él, podemos comprender todo lo que ha hecho por nosotros en la cruz. La cruz no es algo que solo sucedió en cierto momento de la historia. Cuando estudiamos la Palabra profética, podemos ver que el suceso de la cruz estaba establecido mucho antes que Cristo naciera. Tanto la profecía como la tipología anuncian la cruz en el Antiguo Testamento, que es el tema de nuestro próximo capítulo.

2

LA PREDICCIÓN

PUESTO QUE JESUCRISTO es el punto central de todo lo que Dios hace en el mundo, es de esperar que Jesús ocupe un lugar único en la profecía bíblica. Y lo ocupa. La profecía anuncia la venida de Cristo, la primera vez como el Salvador del pecado y la segunda para gobernar como Rey. Hay profecías tanto en el Antiguo como en el Nuevo Testamento.

Las verdades centrales de las profecías concernientes a Jesucristo establecen que Él es el Mesías prometido del Antiguo Testamento y el Rey profetizado que no solo regirá sobre Israel, sino sobre todo el mundo. Juan el Bautista hizo una pregunta profética cuando envió a algunos discípulos desde la prisión a preguntar a Jesús: "¿Eres tú el que había de venir, o esperaremos a otro?" (Lc. 7:19).

Juan le estaba preguntando a Jesús si Él era el Mesías profetizado. Si no, Juan y sus discípulos tenían que hacer otra cosa y buscar en otro lugar la redención de Dios. La profecía es decisiva para nuestro entendimiento de quién es Jesucristo.

Mi propósito aquí no es estudiar cada profecía de las Escrituras relacionadas con Jesús. Eso por sí solo llevaría todo un libro. Mi propósito es mostrar que Jesús es el protagonista de la profecía bíblica, y esto hace que su muerte en la cruz y lo que eso logró sea un tema de suma importancia.

Jesucristo mismo mostró el lugar central que Él ocupa en la profecía cuando se apareció a dos discípulos que iban camino a Emaús la misma tarde del día de resurrección (Lc. 24:13-27). Después, aquella noche, Jesús se aparecería a sus once discípulos más cercanos y a otros seguidores, y les enseñaría otras verdades concernientes a Él.

Todo el pueblo era un caos por causa de Jesús, llamado "Rey de los judíos", que afirmaba ser el Hijo de Dios pero que días antes había sido crucificado. Ahora se había corrido la noticia de que estaba vivo otra vez. Su sepulcro estaba vacío. No debería sorprendernos que no hubiera un lugar en Jerusalén donde no se hablara de Jesús. Por lo tanto, era natural que esos dos discípulos estuvieran repasando los sucesos de ese increíble fin de semana de regreso a casa.

Mientras iban de camino, "Jesús mismo se acercó, y caminaba con ellos. Mas los ojos de ellos estaban velados, para que no le conociesen" (Lc. 24:15-16). Jesús les preguntó: "¿Qué vienen discutiendo por el camino?... Se detuvieron, cabizbajos" (v.17, NVI).

Una perspectiva más amplia

Cleofas (v. 18) y el otro discípulo deben haber estado contendiendo, porque la palabra "discutir" implica un acalorado debate. No podían creer que este supuesto forastero no estuviera enterado de lo que había sucedido en Jerusalén. Por lo tanto, le dijeron: "De Jesús nazareno, que fue varón profeta, poderoso en obra y en palabra delante de Dios y de todo el pueblo; y cómo le entregaron los principales sacerdotes y nuestros gobernantes a sentencia de muerte, y le crucificaron. Pero nosotros esperábamos que él era el que había de redimir a Israel" (vv. 19-21). Los hombres siguieron hablando y le contaron a Jesús que algunas mujeres habían ido al sepulcro temprano en la mañana y lo habían hallado vacío, y que otros discípulos habían ido a verificar la noticia (vv. 22-24).

LA PREDICCIÓN

¿Percibes la decepción en las voces de estos discípulos (v. 21)? Evidentemente, ellos no creían que las noticias de la resurrección de Jesús fueran realmente ciertas. Su falta de fe les había hecho olvidar o malinterpretar la palabra profética concerniente al Mesías.

De modo que Jesús empezó a exhortarlos: "¡Oh insensatos, y tardos de corazón para creer todo lo que los profetas han dicho! ¿No era necesario que el Cristo padeciera estas cosas, y que entrara en su gloria? Y comenzando desde Moisés, y siguiendo por todos los profetas, les declaraba en todas las Escrituras lo que de él decían" (vv. 25-27).

Totalmente confundidos y desanimados, porque las cosas no habían resultado como se esperaba, los dos discípulos concluyeron que el plan profético de Dios había fracasado. Pero Jesús mismo había ido a aclararles esa situación. Y con pasajes del Antiguo Testamento les ayudó a comprender su venida y su ministerio.

Mientras caminaban, Jesús les explicó todos los pasajes de las Escrituras que hablaban de Él para que comprendieran quién era Él, qué estaba sucediendo y cómo debían percibir los hechos que acababan de suceder. En otras palabras, Jesús les enseñó las profecías acerca de Él. Aunque no sabemos exactamente qué les dijo, sabemos que todo lo que Jesús les enseñó fue acerca de sí mismo. Él es el protagonista de la profecía.

Apocalipsis 19:10 declara: "el testimonio de Jesús es el espíritu de la profecía". Estudiar la profecía es como abordar una nave espacial y orbitar alrededor de la tierra. Puedes ver las cosas con más claridad, porque las ves a la distancia. Tienes una perspectiva más amplia. La profecía nos permite ver las cosas desde una distancia de muchos kilómetros y muchos años. Los sabios son un buen ejemplo de esto. Ellos vieron la estrella de Jesús desde una gran distancia, se acercaron y encontraron al niño Jesús.

Para que la Palabra profética de Dios sea real para ti, debes estar dispuesto a cruzar una distancia. Debes estar dispuesto a ir tras eso que Dios ha hablado, porque en tu búsqueda estás ejerciendo la fe de creer que lo que Dios ha dicho es verdad. Los dos discípulos de Emaús tuvieron el maestro más extraordinario, que usó el Libro más extraordinario para enseñarles sobre la persona más extraordinaria: Jesús mismo. Y solo había dos en aquella congregación. El problema aquí era que los hombres no podían creer. Más adelante, Jesús le dijo a un grupo de seguidores: "¿Por qué estáis turbados, y vienen a vuestro corazón estos pensamientos?" (Lc. 24:38).

Para entender la Palabra profética, debes estar dispuesto a entregarle a Dios tu corazón, no solo tu mente.

El contenido de la profecía

Después que Jesús se dio a conocer a los dos hombres en Emaús y desapareció de su vista, ellos volvieron a Jerusalén de prisa aquella misma noche. Allí encontraron a los apóstoles y otros seguidores y, mientras les contaban la historia, Jesús se apareció en medio de ellos y conversó con ellos (Lc. 24:28-43). Era hora de más enseñanzas. Jesús hizo un resumen de las profecías de su vida y su muerte. Pero primero les declaró: "era necesario que se cumpliese todo lo que está escrito de mí en la ley de Moisés, en los profetas y en los salmos" (v. 44).

Jesús les dijo que todo el Antiguo Testamento hablaba proféticamente acerca de Él. Su resumen de esas profecías incluyó estos hechos: "Así está escrito, y así fue necesario que el Cristo padeciese, y resucitase de los muertos al tercer día; y que se predicase en su nombre el arrepentimiento y el perdón de pecados en todas las naciones, comenzando desde Jerusalén" (vv. 46-47).

La muerte y resurrección de "el Cristo", el Mesías, por el perdón del pecado es el resumen y el corazón de la profecía. Todo el Antiguo Testamento puede resumirse como la expectativa de la venida del Mesías. Esta profecía fue dada al comienzo de la raza

LA PREDICCIÓN

humana, cuando Dios dijo que la simiente que vendría aplastaría la cabeza de Satanás (Gn. 3:15). El patriarca Israel dijo que esta simiente vendría de la tribu de Judá (Gn. 49:10). Y Dios le dijo a David que su trono duraría para siempre (2 S. 7:16), porque David tendría un Hijo más importante, el Mesías, que regiría y reinaría. De modo que las profecías del Antiguo Testamento concernientes al Mesías eran muy específicas.

Profecías del nacimiento de Cristo

Ahora "avancemos en el tiempo" hasta el primer capítulo del Nuevo Testamento, Mateo 1:1-17, la genealogía de Jesucristo. Esta es una parte que la mayoría de las personas pasan por alto para llegar a la historia de la Navidad. Gran error. Esta genealogía y la de Lucas 3:23-38 son decisivas para el desarrollo de la historia profética concerniente a Jesús. Allí se demuestra que la afirmación de Jesús de ser el Mesías y Rey del linaje real de David era legítima, porque Él era el Hijo de David tanto legal como biológicamente. Las genealogías de los Evangelios constituyen un maravilloso testimonio de la veracidad de que Jesús es el único protagonista y consumador de la profecía. Estos registros escritos eran especialmente importantes para los judíos que vendrían después de Jesús. Esto se debe a que en el 70 d.C. todos los registros genealógicos de Israel se perdieron cuando el ejército romano saqueó Jerusalén y quemó el templo, donde se guardaban los registros.

Alguien que afirmaba ser el Mesías, el legítimo descendiente real de la dinastía davídica, necesitaba poder trazar su linaje hasta David (2 S. 7:12-16), el rey cuya dinastía reinaría para siempre (v. 16). Por consiguiente, aunque los registros locales se destruyeron, Dios preservó los registros genealógicos de Jesús en Mateo 1 y Lucas 3.

Antes de pasar a considerar la diferencia en la genealogía de Lucas, permíteme señalar un problema aparente en Mateo 1:11, que menciona a un hombre llamado Jeconías. Recuerda, para que Jesús pudiera ostentar legítimamente el título de Mesías, debía probarse que pertenecía al linaje de David. Pero Dios había pronunciado una maldición sobre Jeconías, un descendiente impío de David (Jer. 22:28-30; "Conías" es el hebreo de "Jeconías"). Esta maldición establecía que ningún hijo —es decir, ningún descendiente físico— ocuparía el trono de David. El problema es que José era un descendiente físico de Jeconías. Si Jesús hubiera sido el hijo biológico de José, no habría podido sentarse en el trono de David debido a esta maldición.

Sin embargo, Jesús no fue concebido por José, sino por el Espíritu Santo (Mt. 1:20). José fue el padre legal de Jesús, pero no su padre biológico. Por eso, Mateo 1:16 usa el pronombre femenino para referirse al nacimiento de Jesús. Jesús elude la maldición de Jeconías y retiene su derecho legal al trono. El intento de Satanás por corromper la línea mesiánica había sido frustrado.

Aun así, el Mesías necesitaba un vínculo biológico con David, porque la profecía del Antiguo Testamento lo puntualizaba a Él como Hijo de David. La genealogía de Lucas (3:23-28) responde a esta necesidad, puesto que se traza la línea de Jesús hasta David a través de "Natán, el hijo de David" (v. 31). El vínculo biológico de Jesús con David se establece a través de Natán, *por María*, su madre.

El relato de Lucas traza la genealogía de Jesús hasta Adán (v. 38). ¿Por qué es importante vincular a Jesús con el huerto del Edén? Debido a la profecía de la simiente justa que vendría y aplastaría a Satanás (Gn. 3:15). Dios aclara toda duda de que Jesús es el cumplimiento de la profecía.

Mateo trazó la genealogía de Jesús por la línea de Salomón (Mt. 1:7), mientras que Lucas lo hizo por la de Natán, uno de los hijos de David que nunca ocupó el trono. Con estas dos genealogías se comprueba que Jesús es el descendiente legal de Salomón a través de José (el relato de Mateo), con un derecho legítimo a ostentar el título de Mesías y libre de la maldición de Jeconías, porque su padre terrenal no fue su padre biológico.

La cuestión es que no importa cómo tracemos la genealogía, Jesús reunía los requisitos para afirmar ser el Mesías de Israel. Y cualquier judío que quisiera verificar el registro podía hacerlo, porque Dios preservó el linaje de Jesús.

Profecías de la muerte de Cristo

Las profecías del Antiguo Testamento no solo predicen el nacimiento de Cristo, sino también su muerte. Un pasaje clásico que describe la muerte del Mesías por el pecado es Isaías 53. Veamos algunos versículos claves de este capítulo. Del Mesías, Isaías escribió:

> Despreciado y desechado entre los hombres, varón de dolores, experimentado en quebranto... Ciertamente llevó él nuestras enfermedades, y sufrió nuestros dolores; y nosotros le tuvimos por azotado, por herido de Dios y abatido. Mas él herido fue por nuestras rebeliones, molido por nuestros pecados; el castigo de nuestra paz fue sobre él, y por su llaga fuimos nosotros curados (vv. 3-5).

Esta es una profecía tremenda sobre la muerte y crucifixión de Jesús. El apóstol Pedro, que fue testigo de la muerte del Señor, escribió a los creyentes y los exhortó a soportar el sufrimiento injusto de la manera que Jesús lo hizo. Luego agregó:

> Pues para esto fuisteis llamados; porque también Cristo padeció por nosotros, dejándonos ejemplo, para que sigáis sus pisadas; el cual no hizo pecado, ni se halló engaño en su boca; quien cuando le maldecían, no respondía con maldición; cuando padecía, no amenazaba, sino encomendaba la causa al que juzga justamente; quien llevó él

EL PODER DE LA CRUZ

mismo nuestros pecados en su cuerpo sobre el madero, para que nosotros, estando muertos a los pecados, vivamos a la justicia; y por cuya herida fuisteis sanados (1 P. 2:21-24).

Compara estos dos pasajes y verás el cumplimiento de Isaías 53 en la carta de Pedro, quien incluso citó una referencia de Isaías sobre las heridas de Jesús (v. 5). Pedro también notó que Jesús no respondió a sus acusadores, como profetizó Isaías (v. 7).

EL SALMO 22 COMIENZA CON EL MISMO GRITO DE ANGUSTIA QUE JESÚS PRONUNCIÓ EN LA CRUZ.

El Salmo 22 contiene otra gran profecía que el Nuevo Testamento aplica a Jesucristo en su muerte en la cruz. El salmo comienza con un grito de angustia: "Dios mío, Dios mío, ¿por qué me has desamparado?" (v. 1), el mismo grito de angustia que Jesús pronunció en la cruz. El salmista también dijo: "Mas yo soy gusano, y no hombre; oprobio de los hombres, y despreciado del pueblo. Todos los que me ven me escarnecen; estiran la boca, menean la cabeza, diciendo: Se encomendó a Jehová; líbrele él; sálvele, puesto que en él se complacía" (vv. 6-8). Esto tiene un paralelismo con el relato de la crucifixión de Lucas 23:35. Cuando Jesús estaba en la cruz, "aun los gobernantes se burlaban de él, diciendo: A otros salvó; sálvese a sí mismo, si éste es el Cristo, el escogido de Dios".

Descripciones de una crucifixión real —no conocida en Israel hasta la época de los romanos— también aparecen en el Salmo 22:

"He sido derramado como aguas, y todos mis huesos se descoyuntaron" (v. 14).

"Horadaron mis manos y mis pies" (v. 16).

"Repartieron entre sí mis vestidos, y sobre mi ropa echaron suertes" (v. 18).

En la crucifixión, cuando una persona colgaba de la cruz, el peso de su propio cuerpo descoyuntaba sus huesos. Jesús experimentó la perforación de sus manos, sus pies y su costado (Jn. 19:34). Los soldados echaron suertes sobre su ropa (Mt. 27:35). La muerte de Jesús fue profetizada de manera clara y Él cumplió hasta el más mínimo detalle de cada profecía.

Profecías de la resurrección de Cristo

Del mismo modo, en pasajes de las Escrituras del Antiguo Testamento se predijo la resurrección de Cristo.

De hecho, durante su sermón en Pentecostés (Hch. 2:14-36), Pedro recurrió a una profecía del Antiguo Testamento para demostrar que Jesús era el Mesías (vv. 25-28). El pasaje que Pedro citó fue Salmos 16:8-11, donde David escribió: "A Jehová he puesto siempre delante de mí; porque está a mi diestra, no seré conmovido. Se alegró por tanto mi corazón, y se gozó mi alma; mi carne también reposará confiadamente; porque no dejarás mi alma en el Seol, ni permitirás que tu santo vea corrupción" (vv. 8-10). En Hechos 2:29-32, Pedro deja claro que el cumplimiento de este pasaje fue en la vida de Jesucristo. David "viéndolo antes, habló [proféticamente] de la resurrección de Cristo" (v. 31), el Mesías. David no era el de la resurrección; sino Jesús. Y Pedro dijo: "todos nosotros somos testigos" (v. 32) del hecho de que Dios levantó a Cristo de la muerte.

En vida, el mismo Jesús profetizó su propia resurrección. Predijo su resurrección en varias ocasiones, tanto a sus discípulos (Mt. 17:23; 20:19) como a los judíos incrédulos (Jn. 2:18-21). Juan dijo que después que Jesús resucitó, los discípulos recordaron lo que Él había dicho y creyeron (v. 22).

Esta es la unicidad de Cristo en la profecía. Cuando ves de

cuántas maneras se cumplieron las profecías de Cristo en su primera venida, puedes estar seguro de las profecías sobre su segunda venida y su reino glorioso (p. ej.: Dn. 7:14; 1 P. 1:10-11) y puedes estar seguro de todo lo que Cristo hizo por ti en la cruz. Con esa seguridad, puedes vivir con denuedo la vida abundante que Él adquirió para ti al morir.

Tipología sobre la venida del Mesías

La profecía y la tipología bíblica están relacionadas en el sentido de que ambas representan figuras de Cristo antes de venir a la tierra. La tipología es también un estudio que requiere tanto del Antiguo como del Nuevo Testamento. Eso se debe a que las figuras —o tipos— son los medios que el Antiguo Testamento usa para anunciar la persona y la obra de Cristo. Específicamente, un tipo es una figura del Antiguo Testamento, que revela y señala una verdad del Nuevo Testamento. El Nuevo Testamento es el cumplimiento del tipo, la realidad detrás de la sombra.

La tipología y la profecía están relacionadas; así como Dios nos dio un mapa profético en las Escrituras del Antiguo Testamento que señalan a Jesús, también nos dio figuras del Antiguo Testamento que representan y evocan a Jesús. Recuerda que Cristo es el eje temático del Antiguo Testamento (Mt. 5:17; Lc. 24:27, 44; Jn. 5:39). Un tipo es esto, es una figura del Antiguo Testamento sobre una realidad del Nuevo Testamento.

Muchas de las ceremonias, las normas e incluso los personajes del Antiguo Testamento eran tipos de Cristo en el hecho de que ilustraban varios aspectos de su persona y su obra. Aquí hay un ejemplo. Cuando Juan el Bautista vio a Jesús y exclamó: "He aquí el Cordero de Dios, que quita el pecado del mundo" (Jn. 1:29), Juan estaba usando un tipo del Antiguo Testamento y estaba diciendo que Jesús era el cumplimiento de ese tipo. Todos esos corderos expiatorios ofrecidos en Israel para cubrir los pecados temporalmente eran una figura del Cordero, que vendría y ofrecería su sangre para quitar el pecado del mundo para siempre. Eso es la tipología.

A propósito, por esa razón también necesitamos estudiar toda la Biblia. Si estudias el Antiguo Testamento sin el Nuevo Testamento, no tienes una perspectiva completa porque el Antiguo se cumple en el Nuevo. Pero si estudias el Nuevo Testamento sin el Antiguo, no vas a entender mucho lo que está escrito en el Nuevo, porque gran parte del Nuevo Testamento explica, aplica y cumple lo que se escribió en el Antiguo Testamento.

El mismo Jesús resalta la tipología

Este es un hecho totalmente cierto. Jesús estaba muy interesado en la tipología del Antiguo Testamento sobre Él. ¿Recuerdas que Jesús les recordó, a los dos discípulos, pasajes de todo el Antiguo Testamento y les explicó qué decían de Él (Lc. 24:27, 44)? Él les estaba hablando de tipología, así como de profecía.

Podemos afirmar esto, porque Él empezó con la "ley de Moisés" (v. 44), los primeros cinco libros del Antiguo Testamento, que están llenos de tipos de Jesucristo. El tabernáculo en el desierto era un tipo de Cristo, como lo fue todo el sistema expiatorio, que también vimos. Muchos de los hechos que sucedieron en los libros de Moisés tipificaban a Cristo (Jn. 3:14-15). Jesús explicó su vida y su ministerio mediante el uso de hechos que sucedieron cientos de años antes. Pudo hacer esto, porque estas cosas simbolizaban, anunciaban y apuntaban a Jesús. Por eso Jesús pudo hacer esa asombrosa declaración: "No penséis que he venido para abrogar la ley o los profetas; no he venido para abrogar, sino para cumplir" (Mt. 5:17). Jesús vino a dar cumplimiento al Antiguo Testamento conforme al designio de Dios.

Más allá de la sombra hacia la persona real

En Colosenses 2:17, Pablo dijo que todo el Antiguo Testamento es una "sombra de lo que ha de venir; pero el cuerpo es de Cristo". Ahora bien, ¿preferirías aceptar a una sombra o a una persona? No hay nada como la persona real. Aceptar solo el Antiguo Testamento es aceptar la sombra. Aceptar a Jesucristo es aceptar la sustancia de la sombra, la realidad detrás del tipo. Para aceptar la realidad detrás de la tipología y comprobar la unicidad de Cristo, vayamos al libro de Hebreos, un libro difícil de entender para muchos cristianos.

A menudo Hebreos es difícil de entender porque el escritor supone que el lector comprende el Antiguo Testamento. Hebreos es un libro sobre tipología; es decir, sobre el cumplimiento del antiguo pacto en Cristo. Una de las palabras favoritas del autor de Hebreos fue "superior". Él usa esa palabra trece veces (RVR-2015) para mostrar cómo el antiguo pacto predecía algo superior en Cristo.

Por ejemplo, el escritor dijo que Jesús es "hecho tanto superior a los ángeles, cuanto heredó más excelente nombre que ellos" (He. 1:4). Los ángeles están en boga, pero si te conformas con la gloria de los ángeles, solo te conformas con algo inferior, porque Jesús es superior. Hebreos 7:22 (RVA-2015) dice: "Jesús ha sido hecho fiador de un pacto superior".

Vivir bajo la ley del Antiguo Testamento era engorroso, porque implicaba cumplir con un sistema complicado de rituales y sacrificios. Jesús es superior al antiguo pacto. Además, según Hebreos 7:19, "(pues nada perfeccionó la ley)". Sin embargo, Jesús introdujo "una esperanza superior", algo a lo cual aferrarnos y acercarnos a Dios confiadamente. Puesto que el antiguo pacto había sido ineficaz (ver 7:18) para la justificación de los pecadores delante de Dios, era necesario que se ofreciera un sacrificio superior (9:23, RVA-2015). Este fue el sacrificio que Jesús hizo en la cruz.

LA PREDICCIÓN

Si tú y yo viviéramos en el Antiguo Testamento, tendríamos que llevar al templo un cordero o un macho cabrío o algún otro animal para sacrificar y ofrecer su sangre para cubrir el pecado. Pero la buena nueva del evangelio es que el sacrificio final por el pecado ya se cumplió. Gracias a lo que Cristo hizo en la cruz, nosotros podemos anhelar "una patria superior; es decir, la celestial". Dios ha preparado para nosotros una ciudad llamada cielo (He. 11:16, RVR-2015). La tierra prometida en Canaán era un tipo de cielo, pero los mejores días de los israelitas en Canaán no pueden compararse con el lugar que Jesús ha preparado para nosotros (Jn. 14:1-3). Tenemos un hogar mejor.

Sacrificios del Antiguo Testamento: Todas las figuras de la venida de Cristo

Los israelitas tenían cinco formas básicas de sacrificios bajo la ley. Ofrecían la ofrenda quemada, la ofrenda de grano, la ofrenda de paz, la ofrenda por el pecado y la ofrenda por la culpa. Las tres primeras tenían que ver con la dedicación a Dios, mientras que las últimas dos tenían que ver con la expiación por el pecado. Pero Jesucristo es la figura en todos los sacrificios. Jesús cumplió el tipo representado por los primeros tres sacrificios a lo largo de su vida de total sumisión y completa obediencia a Dios, el Padre. Jesús declaró en la tierra: "He aquí que vengo, oh Dios, para hacer tu voluntad, como en el rollo del libro está escrito de mí" (He. 10:7).

Si Jesús hubiera desobedecido a Dios una sola vez, habría quedado descalificado para ser nuestro Salvador. Pero repito, Él es único entre todos los hombres: Él obedeció a Dios en todo. La ofrenda por el pecado y la ofrenda por la culpa se cumplieron en la muerte de Cristo.

El estudio del tabernáculo como un tipo de Cristo merece un libro exclusivo sobre eso. Dios especificó en el libro de Éxodo cómo quería que se edificara y, de alguna manera, cada detalle es una figura de Cristo. Antes que se construyera el templo, el tabernáculo era el lugar de la presencia de Dios, la morada de su Shekiná, su gloria. Para estar con Dios, había que ir al tabernáculo. Pero con el sacrificio de Jesús, podemos tener acceso directo. Jesús cumplió un tipo del tabernáculo de alguna de las siguientes maneras:

- En el tabernáculo había una puerta. Jesús dijo que era el camino (Jn. 14:6).

- En el tabernáculo había un altar de bronce para el sacrificio. Jesús dijo en Marcos 10:45 que Él vino a dar su vida en sacrificio o en rescate por muchos.

- En el tabernáculo también había una luz, y sabemos que Jesús dijo: "Yo soy la luz del mundo" (Jn. 8:12).

- En el tabernáculo también había una mesa que contenía el pan consagrado. Jesús dijo: "Yo soy el pan de vida" (Jn. 6:48).

- En el tabernáculo, el sumo sacerdote quemaba incienso para simbolizar las oraciones que se elevaban a Dios. Jesús actuó como nuestro Sumo Sacerdote cuando oró por nosotros (Jn. 17:9).

- En el tabernáculo colgaba un velo que dividía las cámaras exteriores de la parte interior, el lugar santísimo. Eso indicaba que todavía no había acceso directo a Dios. Pero, cuando Jesús murió, el velo del templo se rasgó en dos (Mt. 27:51). El escritor de Hebreos dijo que el velo era el cuerpo de Cristo (He. 10:20).

- En el lugar santísimo residía el arca de Dios con su cubierta llamada propiciatorio, donde se rociaba la sangre del cordero del sacrificio para la expiación de los pecados. Jesús dijo en Juan 10:15 (NTV): "sacrifico mi vida".

¿Comprendes la idea? El tabernáculo, que era una tienda, albergaba la presencia y la gloria de Dios. Cuando Jesús vino, la Biblia dice: "Y aquel Verbo fue hecho carne, y habitó [literalmente, como un tabernáculo] entre nosotros (y vimos su gloria...)" (Jn. 1:14). La palabra "habitó" significa armar una tienda, como el tabernáculo. La relación entre Cristo y el tabernáculo no podría ser más clara. El propósito del tabernáculo era manifestar la gloria de Dios y, cuando Jesús vino a la tierra, la gente podía ver la gloria de Dios en Él. Jesús es el único que también cumplió totalmente esta figura.

> ESA NO ERA SOLO UNA ROCA. ERA UN TIPO DE CRISTO.

Otro tipo o sombra del Jesús que vendría es la roca. Cuando Israel vagaba por el desierto, el pueblo estaba hambriento y sediento. Entonces Moisés golpeó una roca y brotó suficiente agua para dar de beber a todo el pueblo (Nm. 20:11). Esa no era solo una roca. Era un tipo de Cristo. El apóstol Pablo explicó esta tipología a los corintios cuando dijo: "y todos bebieron la misma bebida espiritual; porque bebían de la roca espiritual que los seguía, y la roca era Cristo" (1 Co. 10:4). Esa fue la provisión espiritual de Dios a través de la segunda persona de la Trinidad. Si Cristo fue suficiente para Israel en el desierto, Él puede serlo para ti en tu desierto. Él puede darte a beber agua y saciarte.

Los israelitas también necesitaron maná para comer en el desierto (Éx. 16:14-15). Jesús les dijo a los judíos: "Yo soy el pan que descendió del cielo" (Jn. 6:41). El maná era una figura, un tipo, que simbolizaba a Jesús, el verdadero Pan de Vida que vendría del cielo y nos sustentaría.

En Juan 3:14-15, Jesús dijo: "Y como Moisés levantó la serpiente en el desierto, así es necesario que el Hijo del Hombre

EL PODER DE LA CRUZ

sea levantado, para que todo aquel que en él cree, no se pierda, mas tenga vida eterna". Jesús se estaba refiriendo al juicio severo que Dios envió sobre Israel por su desobediencia, por medio de serpientes venenosas que mordían a los israelitas, y muchos murieron (Nm. 21:4-9). Dios le dijo a Moisés que hiciera una serpiente de bronce y la atara a un poste para que, cualquiera que mirara a esa serpiente, viviera. Jesús dijo que esa figura era un tipo del sacrificio que Él haría por los pecados. "Que el Hijo del Hombre sea levantado" no significa que Jesús sea levantado en alabanza o adoración. Era una referencia a que sería levantado en una cruz, así como la serpiente de bronce fue levantada para librar al pueblo de la muerte.

Mirar a la serpiente era un acto de fe, así como creer que la muerte de Jesús en la cruz nos salva es un acto de fe. Algunos israelitas podrían haberse negado a mirar a la serpiente y, en cambio, buscar un médico. ¡Pero todo aquel que se negara a mirar a la serpiente moriría! Jesús te dice: "Si me miras a mí, vivirás".

Jesús es el Cordero de Dios que vendría según la profecía. Además, en Él se cumple perfectamente cada tipo del Antiguo Testamento, la realidad detrás de todas las figuras. Y así como las veintisiete letras del alfabeto castellano es todo lo que necesitamos para cualquier palabra del idioma castellano, Jesucristo, su muerte en la cruz y su posterior resurrección es todo lo que necesitamos para cualquier situación o circunstancia de la vida.

3

LA MUERTE

CASI CADA VEZ que nace un bebé sano, los padres, el obstetra y la enfermera asistente sonríen ante la maravilla del recién nacido. Aunque al principio el bebé pueda llorar, la inocencia de la nueva vida trae gozo a todos. Los padres pueden reconocer en el bebé sus propias características físicas a los pocos días o meses. Pero tal vez no sean conscientes de esta verdad: también le transmiten al bebé su naturaleza pecaminosa, así como le transmiten su cabello, su color de ojos y otros rasgos. La realidad es que nuestro hijo no es menos inocente que nosotros. A todos nos espera el pecado.

Las Escrituras declaran: "Por tanto, como el pecado entró en el mundo por un hombre, y por el pecado la muerte, así la muerte pasó a todos los hombres, por cuanto todos pecaron" (Ro. 5:12). El pecado entró al mundo por Adán, el primero de la raza humana. Su humana naturaleza y la de Eva se contaminaron por el pecado, y ellos pasaron la contaminación a través de la procreación de la raza.

La doctrina que Pablo está enseñando aquí se llama *imputación*, un término curioso que significa acreditar algo a la cuenta de una persona. El pecado de Adán se cargó a la cuenta de su descendencia, la raza humana. Tú, yo, nuestros hijos y toda la humanidad.

EL PODER DE LA CRUZ

Esta enseñanza ha sido tema de un gran número de debates teológicos. Pero Pablo dice que todos hemos pecado, de modo que no te molestes por tener que pagar por el pecado de Adán. Todos tenemos nuestros propios pecados que pagar. La contaminación del pecado es universal.

Los escritores bíblicos son francos. David escribe: "He aquí, en maldad he sido formado, y en pecado me concibió mi madre" (Sal. 51:5). Pablo escribió de sí mismo: "Y yo sé que en mí, esto es, en mi carne, no mora el bien; porque el querer el bien está en mí, pero no el hacerlo" (Ro. 7:18).

El resultado final de la contaminación del pecado es la muerte. Por lo general pensamos en la muerte física, pero, en realidad, la Biblia habla de tres clases de muerte. Hay una muerte física, la separación del cuerpo del alma y el espíritu; una muerte espiritual, en la cual la persona se separa de la comunión con Dios; y una muerte eterna, en la cual la persona se separa de Dios para siempre. Fíjate que el elemento clave siempre es la separación.

> JESUCRISTO TUVO QUE MORIR, PORQUE EL PECADO ES TAN INVASIVO Y CORRUPTO, QUE SOLO SU MUERTE PODÍA ERRADICARLO.

Por eso Jesucristo tuvo que morir, porque el pecado es tan invasivo y corrupto, que solo su muerte podía erradicarlo. La raíz del pecado es el deseo de vivir independiente de Dios, hacer lo que nos da la gana. Nuestro deseo humano de independencia de Dios es una reacción de rebeldía. No queremos ser responsables ante Él. La Biblia describe esta actitud en Romanos 1, que veremos en profundidad en otro capítulo más adelante, "Pues habiendo conocido [los incrédulos] a Dios, no le glorificaron como a Dios, ni le dieron gracias, sino que se envanecieron en sus razonamientos, y su necio corazón fue entenebrecido... Y como ellos no aprobaron tener en cuenta a Dios, Dios los entregó a una mente reprobada, para hacer cosas que no convienen" (vv. 21, 28).

La independencia dice: "No quiero honrar a Dios. Quiero hacer lo que me da la gana. Quiero mandar yo en mi vida". Esta actitud, en realidad, se originó en el cielo, en el corazón y la mente del ángel Lucifer, que dijo: "Sobre las alturas de las nubes subiré, y seré semejante al Altísimo" (Is. 14:14). Cualquier intento de nuestra parte por ser independientes de Dios es una expresión de pecado. Y al igual que Satanás, que fue expulsado del cielo (Is. 14: 12-15; Lc. 10:18), nosotros estamos privados del cielo hasta que no reconozcamos nuestros pecados y aceptemos el sacrificio de Jesús que nos libra del castigo del pecado.

La norma que define el pecado

Romanos 3:23 establece la norma por la cual se mide el pecado: "la gloria de Dios". En otras palabras, cuando Dios mide este problema llamado "pecado", lo hace en referencia a Él mismo, no en referencia a tu vecino o tu compañero de trabajo. Dios no dice "eres una persona bastante buena"; Él dice "no eres tan bueno como yo".

La mayoría de los no cristianos, o bien no lo entiende, o bien no lo cree, por ello, el problema del pecado no le parece tan importante. Estas personas no comprenden por qué alguien tiene que morir para responder por el pecado. Piensan que Dios juzga con una balanza que pesa nuestras buenas obras en comparación con nuestras malas obras o sino que hace un promedio. Pero la Biblia dice que todos nos quedamos cortos; nadie es suficientemente bueno, porque la norma de Dios es la perfección. ¿Quién puede estar a la altura de semejante norma? ¡Nadie!

Imagina dos viajeros que llegan tarde al aeropuerto. Uno pierde el vuelo por solo cinco minutos, mientras que el otro por cuarenta y cinco minutos. ¿Se sintió mejor el primer viajero? No, es irrelevante cuán lejos hayan estado de cumplir con la norma. Ambos están varados en el aeropuerto.

De la misma manera, no somos suficientemente buenos para

ir al cielo, y no importa si no estamos en condiciones de ir al cielo por un centímetro o un kilómetro. Dios debe responder al pecado, porque su atributo predominante es la santidad. El profeta Habacuc dijo: "Muy limpio eres de ojos para ver el mal, ni puedes ver el agravio" (1:13). Ninguno de los hombres justos de la Biblia, que estuvieron cara a cara con la santidad de Dios, lo tomaron con ligereza. Isaías, al igual que el obediente profeta Habacuc, clamó en la presencia del Dios santo: "¡Ay de mí! que soy muerto" (Is. 6:5), una expresión que significaba estar perdido.

Job —no un profeta, sino un hombre justo a quien Dios tenía en alta estima (Job 1:8)— conoció a un Dios portentoso después que atravesó su prueba y reconoció su pecaminosidad: "Mas ahora mis ojos te ven. Por tanto me aborrezco, y me arrepiento en polvo y ceniza" (Job 42: 5b-6). Ponte en el lugar de Job o de Isaías por un minuto, y entenderás por qué Jesús tuvo que morir por el pecado y por qué nadie más que Jesús pudo pagar ese precio.

Puesto que Dios es la parte ofendida cuando pecamos, está en su derecho de determinar sobre qué base se expiará y perdonará el pecado. Esto se expresa claramente en Hebreos 9:22: "Y casi todo es purificado, según la ley, con sangre; y sin derramamiento de sangre no se hace remisión".

Un sacrificio de sangre

La manera en que Dios perdona el pecado es con el derramamiento de sangre. Ninguna otra cosa puede hacerlo. No hay lamento ni gemido ni promesa de cambio que quite el pecado del ser humano. El pecado es una ofensa capital punible con la pena de muerte. ¿Por qué Dios decretó que la sangre era el pago exigido para el pecado? Porque el derramamiento de sangre requiere muerte y "la vida de la carne en la sangre está" (Lv. 17:11).

LA MUERTE

El derramamiento de sangre para hacer frente al pecado empezó en el Edén, cuando Dios mató a un animal para cubrir a Adán y Eva después que pecaron (Gn. 3:21). La muerte del animal satisfizo la exigencia de Dios y fue el sustituto de la muerte de ellos. Por consiguiente, la muerte de Cristo fue una expiación por sangre. Él se ofreció como un sacrificio sustituto por la muerte que merecíamos por nuestros pecados.

El apóstol Pedro, que estaba presente en la crucifixión de Jesús, hizo esta maravillosa declaración: "Quien llevó él mismo nuestros pecados en su cuerpo sobre el madero" (1 P. 2:24). ¿Por qué Jesús tuvo que morir en la cruz? La Biblia lo explica y, cuando lo comprendas, estarás agradecido por la cruz. Las Escrituras declaran: "Cristo nos redimió de la maldición de la ley, hecho por nosotros maldición (porque está escrito: Maldito todo el que es colgado en un madero" (Gá. 3:13). Fíjate que la ley de Moisés estaba ligada a una maldición. Solo tres versículos antes, Pablo había citado Deuteronomio 27:26 y había escrito: "Maldito todo aquel que no permaneciere en todas las cosas escritas en el libro de la ley, para hacerlas" (Gá. 3:10).

De modo que si fallabas en un punto de la Ley, era como si quebrantaras toda la Ley y estabas bajo maldición (Stg. 2:10). Eso es muy malo, pero aquí hay algo muy bueno. Jesús tomó nuestra maldición al colgar de un madero, otro término para cruz. Para demostrar este punto, Pablo citó Deuteronomio 21:23, que pronunciaba una maldición sobre cualquiera que colgara de un madero.

En los días del Antiguo Testamento, una persona que cometía un delito capital era ejecutada, generalmente, por lapidación. Si el delito era sumamente abominable, colgaban al reo de muerte de un madero como la forma máxima de desgracia y vergüenza. Como podrás imaginar eso también servía como una advertencia a otros. Si bien no era una crucifixión, la idea central era

EL PODER DE LA CRUZ

poner en vergüenza al delincuente. Era obvio para todos que una persona que colgaba de un madero era maldita.

Entonces, ¿por qué Jesús tuvo que morir en una cruz? Porque Dios quería demostrar al mundo que Jesús estaba sufriendo la maldición de la Ley por nosotros. Jesús colgó de un madero como un objeto de vergüenza pública para que no quedaran dudas de que Dios estaba permitiendo que el golpe mortal de su maldición cayera sobre su Hijo. Todo para que tú y yo pudiéramos ser libres.

La buena noticia es que Dios aceptó la muerte de Cristo como el pago total por nuestros pecados (ver Jn. 19:30). Ahora Dios ya no nos imputa o carga nuestros pecados a nuestra cuenta (2 Co. 5:19). ¿Por qué Dios no lo hace? Porque "al que no conoció pecado, por nosotros lo hizo [Dios Padre] pecado, para que nosotros fuésemos hechos justicia de Dios en él" (v. 21). Dios cargó nuestros pecados a la cuenta de Jesús y acreditó la perfecta justicia de Jesús a nuestra cuenta. La muerte de Cristo permite a Dios conceder a los hombres pecadores un historial completamente limpio.

El motivo

Por lo tanto, ¿por qué Dios estuvo dispuesto a enviar a su Hijo a la cruz y por qué Jesús aceptó morir voluntariamente? Si algo distingue a Jesucristo de todos y lo hace único es su amor por los pecadores como nosotros. Él ama a los seres humanos, a pesar de que sean indignos. De igual modo, el Padre nos ama y envió al redentor perfecto, su Hijo. Piénsalo. ¿Te ofrecerías a sacrificar a tu hijo por un rebelde o un sinvergüenza? Podría sonar duro, pero eso es cada hombre y cada mujer, y eso es lo que hizo Dios por nosotros en Cristo.

Nuestra vida no era muy agradable para Dios, sin embargo, Él nos amó aun en nuestro peor momento, "siendo aún pecadores" (Ro. 5:8), cuando Cristo fue a la cruz. Por eso, si tú no entiendes la cruz, nunca entenderás cabalmente su amor. El amor de Dios es su gozosa autodeterminación de reflejar su bondad y su gloria para satisfacer las necesidades de la humanidad.

Es una excelente definición, pero permíteme decirlo con términos cotidianos. El amor de Dios siempre es *visible*; Dios amó tanto al mundo que dio a su Hijo (Jn. 3:16). El amor de Dios también es *sacrificial*, pues llegó hasta el punto de pagar un precio por nosotros. El amor de Dios también es incondicional, pues permitió que su Hijo muriera por nosotros antes de estar limpios "cuando todavía éramos pecadores" (Ro. 5:8, NVI). De hecho, Dios no quiere que limpies tu propia vida, porque seguramente dejarás algunas manchas. Él no pone ninguna condición a su amor.

Jesús murió por nosotros cuando éramos pecadores. Más sorprendente aún es que lo hizo voluntariamente y en total humillación.

La humillación de la cruz

La palabra "humillación" es un vocablo teológico que describe los pasos descendentes que Jesús dio al dejar su más alta posición en el cielo para descender a la posición más baja en la tierra. Las implicaciones de la humillación de Jesús al venir a la tierra y morir en la cruz son sorprendentes. Para llegar a un entendimiento básico de esta gran verdad, podemos estudiar Filipenses 2:5-11, que ofrece detalles importantes de la humillación de Cristo.

Solo podemos apreciar cuán bajo Jesús llegó cuando entendemos cuán sublime es Él. Las Escrituras dicen que Jesús existía "en forma de Dios" (2:6). En ningún momento, Jesús dejó de existir en forma de Dios. La palabra "forma" significa esencia o ser interior. Hebreos 13:8 dice que Jesucristo es el mismo ayer, hoy y para siempre. Jesús siempre ha sido Aquel que es hoy.

Sin embargo, Aquel que fue y es totalmente Dios "no estimó

el ser igual a Dios como cosa a que aferrarse" (2:6). Él no se aferró egoístamente a toda la gloria y los deleites del cielo. Aunque nunca llegaremos a entender por completo qué significa todo esto, necesitamos comprender al menos qué hizo Jesús, porque solo cuando reflejemos la imagen de Cristo en la cruz en nuestros pensamientos y nuestras actitudes podremos experimentar plenamente todas sus bondades y sus bendiciones.

Una cosa que sabemos es que Jesús no dudó en renunciar a los privilegios de la Deidad. No es como si alguien fuera a usurparle el lugar en el cielo. Jesús no tenía nada de qué preocuparse al respecto. Tampoco necesitaba aferrarse a su posición de privilegio en el cielo para no perderla, porque ninguna parte de su deidad se vio disminuida, comprometida o incapacitada en lo más mínimo cuando tomó forma de hombre. Sea cual sea el significado de la humillación y la renuncia de Jesús, no implica que se despojó de su deidad.

> JESÚS SE CONVIRTIÓ EN UN ESCLAVO. ÉL PUEDE IDENTIFICARSE CONTIGO EN CUALQUIER SITUACIÓN: POBREZA, SOLEDAD, DESAMPARO, RECHAZO.

Jesús estuvo dispuesto a dejar el cielo y tomar forma humana gracias a su actitud. Él no objetó renunciar a sus prerrogativas en pro de un mayor beneficio y gloria de Dios. Jesús pudo haber dicho: "No quiero que me claven a un madero para pagar el precio de los pecados de esos rebeldes". Pudo haber dicho: "Envía a otro". Sin embargo, en la eternidad pasada, Jesucristo tomó la decisión de actuar para nuestro bien. Con razón Juan dijo: "Nosotros le amamos a él, porque él nos amó primero" (1 Jn. 4:19).

Filipenses 2:7 llega al fondo de la cuestión de lo que significó para Cristo humillarse a sí mismo. Este es un pasaje de alguna manera controversial, porque hay diferentes opiniones sobre lo que implica "despojarse" o *kenosis* (el término griego). El texto dice que Cristo "se despojó a sí mismo, tomando forma de siervo, hecho semejante a los hombres". Los versículos 6 y 7 describen el alcance de la humillación de Cristo: Él existía "en la forma de Dios"; pero en la tierra tomó "forma de siervo", un esclavo. Pablo usó este término por una razón. ¿Por qué no dijo solo que Jesús tomó forma humana? Eso ya sería bastante humillación para Dios. Hay una palabra griega para "humanidad" en general que Pablo pudo haber usado aquí, o incluso pudo haber usado la palabra "hombre" en el sentido opuesto a una mujer. Pero Pablo no usó ninguna de las dos. En cambio, eligió una palabra griega más específica, *doúlos*, que significa "esclavo".

En otras palabras, Jesús se convirtió en una clase particular de hombre: un esclavo, la posición más baja de la sociedad romana. Esta es una buena noticia para ti. No importa cuán bajo puedas llegar, nunca te hundirás tanto de donde Jesús no te pueda alcanzar y levantar. Él puede identificarse contigo en cualquier situación, no importa cuán difícil sea: pobreza, soledad, desamparo, rechazo, todo lo que se te ocurra.

Filipenses 2:7 agrega que Jesús fue "hecho semejante a los hombres". Eso significa que Él parecía un hombre común y corriente. Él no se paseaba con un halo sobre su cabeza ni flotaba sobre la tierra. Jesús mismo dijo que no vino a ser servido —lo cual era su derecho y privilegio como Dios—; sino a servir, que es lo que hacen los esclavos (Mr. 10:45). Un esclavo no tiene ningún derecho. De modo que cuando Jesús tomó forma humana, Él también aceptó voluntariamente las limitaciones de un ser humano.

Jesús vivió como un hombre sin usar su deidad para beneficio personal o para evitar las penurias y las tentaciones de la vida humana diaria. En otras palabras, Jesús no usó su poder divino para resolver un problema de su humanidad. Un ejemplo de esto es la tentación, cuando tenía hambre y el diablo lo tentó a convertir las piedras en pan (Mt. 4:3). Pero el mayor ejemplo está en el huerto de Getsemaní, cuando reprendió a Pedro por sacar su espada y aceptó que lo arrestaran.

Ahora bien, no me malinterpretes. Jesús no usó su poder divino en varias ocasiones más. Nos referimos a esas ocasiones como milagros. Pero los milagros siempre eran en beneficio del reino y la bendición de otros, no para que su propia vida fuera más fácil. La razón por la que renunció a usar su deidad fue para poder experimentar todos los sufrimientos y todas las tentaciones que nosotros enfrentamos (He. 4:15); para poder revertir el fracaso del primer Adán y ganar la batalla espiritual que Adán perdió para la humanidad en el Edén. Jesús hizo la voluntad de Dios en la tierra para poder ser un sustituto aceptable para el hombre.

La humildad de despojarse

Cuando leemos Filipenses 2:8, descubrimos que Jesús tomó forma humana y se hizo siervo por un propósito muy específico: "estando en la condición de hombre, se humilló a sí mismo, haciéndose obediente hasta la muerte, y muerte de cruz". Jesús vino para ir a la cruz.

Sin embargo, en su humanidad hubo una lucha. ¿Recuerdas su oración en Getsemaní? "Padre mío, si es posible, pase de mí esta copa; pero no sea como yo quiero, sino como tú" (Mt. 26:39).

¿Cuán difícil fue para Jesús enfrentar la cruz? Tan difícil que un ángel tuvo que fortalecerlo mientras estaba en agonía en el huerto de Getsemaní (Lc. 22:43-44).

Sin embargo, en el mismo huerto, después de pedir al Padre que lo librara de ir a la cruz, Jesús oró: "Mas no lo que yo quiero, sino lo que tú" (Mr. 14:36). Nosotros debemos tener esa misma actitud. Jesús no tenía que ir a la cruz. Pero cuando llegó la mayor crisis de su vida, se sometió a la voluntad de Dios y fue obediente hasta la muerte por amor a nosotros.

LA MUERTE

El humilde mediador

Otro aspecto del propósito de la humillación de Jesucristo al despojarse es que eso lo ponía en la posición de mediador que nosotros necesitábamos. En 1 Timoteo 2, después que Pablo instó a los cristianos a orar por todos, dijo: "Porque hay un solo Dios, y un solo mediador entre Dios y los hombres, Jesucristo hombre, el cual se dio a sí mismo en rescate por todos" (vv. 5-6). Un mediador es un intermediario, alguien que puede estar en medio de dos partes que están distanciadas y acercarlas. El humilde Jesús es el mediador entre Dios y nosotros.

En la cruz, Jesús colgaba literalmente entre dos partes alejadas, su Padre y la raza humana, para acercarnos a Dios. El concepto de un mediador es antiguo. En Job, considerado el libro más antiguo de la Biblia, el patriarca sintió su necesidad de un intermediario para poder presentar su caso delante de Dios. Como sabemos, Job estaba sufriendo y pasando por una prueba. Estaba desesperado por recibir ayuda mientras sus tres amigos lo acusaban de pecado. En un momento, Job dijo: "¿Y cómo se justificará el hombre con Dios? Si quisiere contender con él, no le podrá responder a una cosa entre mil" (Job 9:2-3). ¿Cómo puede un ser humano discutir con Dios? Eso se estaba preguntando Job.

Job reconoció su dilema. Dios "no es hombre como yo, para que yo le responda, y vengamos juntamente a juicio. No hay entre nosotros árbitro que ponga su mano sobre nosotros dos" (vv. 32-33). Job quería un intermediario o un "árbitro". Este es el mismo principio que un mediador, uno que intermedia entre dos partes. Para poder ser un mediador eficaz entre un Dios perfecto y santo y los pecadores, alguien tendría que saber qué siente y piensa Dios; en otras palabras, debía ser alguien como Dios. Y este mediador tendría que saber qué pensamos y sentimos nosotros; alguien como Jesús. Jesucristo es el único que cumple ese requisito. Por eso la Biblia dice que Él es un mediador, que puede estar entre Dios y nosotros.

EL PODER DE LA CRUZ

En Filipenses 2:9-11, Pablo escribió: "Por lo cual Dios también le exaltó hasta lo sumo, y le dio un nombre que es sobre todo nombre, para que en el nombre de Jesús se doble toda rodilla de los que están en los cielos, y en la tierra, y debajo de la tierra; y toda lengua confiese que Jesucristo es el Señor, para gloria de Dios Padre".

La humillación de Jesús no es el final de la historia. Dios levantó a Jesús de la tumba de su humanidad y lo exaltó en el cielo como Dios-hombre. Cuando tú y yo nos encontremos con Jesús en el cielo, no veremos al Jesús pre-encarnado, sino al Jesús resucitado, el Dios-hombre, gracias a su disposición a humillarse a sí mismo hasta la muerte, incluso la muerte en la cruz. Jesucristo es exaltado sobre todos y todo el universo.

4

LA RESURRECCIÓN Y LA ASCENSIÓN

A LO LARGO DE TODA LA HISTORIA antigua y moderna ha habido muchos maestros y líderes religiosos; algunos excelentes, algunos muy buenos y otros no tanto. Entre la lista de eruditos podrías encontrar filósofos griegos como Sócrates (quien desarrolló el método socrático de enseñanza mediante el cuestionamiento) y su protegido Platón. Algunos incluirían al filósofo y maestro inglés, John Locke. Los estudiantes de Oriente citarían a Confucio o Siddhartha Gautama, mejor conocido como Buda (literalmente, "el iluminado"). Estos líderes enseñaron varias cosmovisiones y filosofías, y muchos de ellos ganaron gran cantidad de seguidores. Algunos incluso murieron por su causa, que a veces consideraron más importantes que la vida misma.

Sin embargo, hay una diferencia drástica entre todos estos líderes y Jesucristo. A pesar de que algunos afirman ser representantes de Dios o incluso ser el mismo Dios, estos otros líderes están muertos y sepultados... extintos. Jesucristo también tuvo una muerte terrenal. Pero ahí terminan las coincidencias. Jesucristo se levantó del sepulcro al tercer día.

Sin la resurrección, el cristianismo hubiera muerto antes de nacer. No puedes tener una fe viva si lo único que tienes es un salvador muerto. Sin la resurrección, la fe cristiana podría ser una manera de vivir admirable, pero Jesús solo sería otro gran maestro que tuvo vida y volvió al polvo. El cristianismo no sería la verdad de Dios si Jesús no se hubiera levantado de los muertos. Su resurrección hace a Jesucristo único. Otras religiones pueden competir con el cristianismo en algunas cosas. Por ejemplo, pueden decir: "¿Su fundador les dejó un libro santo? Nuestro fundador también. ¿Su fundador tiene muchos seguidores? El de nosotros también. ¿Ustedes tienen templos donde la gente se reúne a adorar a su Dios? Nosotros también". Pero solo los cristianos pueden decir: "Todo eso puede ser verdad, ¡pero nuestro Fundador se levantó de entre los muertos!". Esa es la naturaleza única de la resurrección.

En este último capítulo sobre la persona de la cruz, quiero hablar de la autenticidad, el valor y la victoria de la resurrección de Cristo.

La autenticidad de la resurrección

Creemos y enseñamos confiadamente que George Washington y Patrick Henry existieron, porque tenemos documentación escrita fiable sobre sus vidas. Ninguno de los que hoy estamos vivos hemos visto a George Washington en persona. Ninguno de nosotros estuvo presente cuando Estados Unidos ganó su independencia de Gran Bretaña. Pero aceptamos la veracidad de estas personas y estos sucesos debido a la fiabilidad de la documentación.

Lo mismo sucede con Jesucristo. La documentación confirma su resurrección. Permíteme darte algunas pruebas que confirman la resurrección.

La primera prueba de la resurrección de Jesús es *su tumba vacía*. Este es un gran problema para aquellos que rechazan y dudan de la resurrección. El asunto es simple. Si Jesús murió y estuvo muerto, ¿por qué su tumba apareció vacía?

LA RESURRECCIÓN Y LA ASCENSIÓN

El cristianismo pudo haber terminado aun antes de empezar si los enemigos de Jesús hubieran puesto en escena su cuerpo muerto. Después de todo, ellos eran los que tenían control sobre la tumba. "Oh —podrían decir algunos—, eso es fácil de explicar. Pudo haber sucedido varias cosas con el cuerpo". Se especulan varias teorías que explican la tumba vacía de Jesús. Una de estas es la supuesta teoría del desvanecimiento, cuya hipótesis es que Jesús no murió en la cruz, sino que sencillamente tuvo un lapso de profunda inconsciencia. Puesto que las personas de esa época eran poco sofisticadas, médicamente hablando, pensaron que Jesús estaba muerto y lo sepultaron. Pero el frío de la tumba revivió a Jesús. Entonces se levantó, se sacudió el efecto de todas sus atroces heridas, se quitó los lienzos de la sepultura que lo envolvían, empujó la piedra sin molestar a los guardias romanos y se escabulló. Y después volvió a aparecer para afirmar que había resucitado de entre los muertos.

El mejor argumento contra esta teoría es el proceder de los mismos enemigos de Jesús. Ellos se aseguraron de que estuviera muerto. Cuando los soldados romanos fueron a rematar a los hombres que estaban en la cruz, vieron que Jesús ya estaba muerto. Pero para asegurarse, "uno de los soldados le abrió el costado con una lanza, y al instante salió sangre y agua" (Jn. 19:34). Cuando Pilato supo que Jesús estaba muerto, consultó con el centurión para estar seguro (Mr. 15:44-45).

> PARA ROBAR EL CUERPO DE JESÚS, ONCE DISCÍPULOS CIVILES TENDRÍAN QUE HABER DOBLEGADO A UNA GUARDIA DE HASTA DIECISÉIS SOLDADOS ROMANOS BIEN ARMADOS.

Otra teoría sugiere que los discípulos fueron a la tumba equivocada cuando informaron que Jesús estaba vivo, debido a que estaba oscuro y ellos estaban confundidos y consternados.

Pero aunque hubiera sucedido eso, todo lo que los judíos y Pilato tenían que hacer era llevarlos a la tumba correcta y mostrarles el cuerpo de Jesús.

Una tercera teoría, que fue popular por un tiempo, sugiere la idea de que los discípulos robaron el cuerpo de Jesús y después afirmaron que había resucitado. Pero esta teoría contradice todas las precauciones que Pilato tomó para asegurarse de que eso no sucediera. Los judíos tenían temor de que se robara el cuerpo de Jesús, por eso fueron a ver a Pilato y le dijeron: "Señor, nos acordamos que aquel engañador dijo, viviendo aún: Después de tres días resucitaré. Manda, pues, que se asegure el sepulcro hasta el tercer día, no sea que vengan sus discípulos de noche, y lo hurten, y digan al pueblo: Resucitó de entre los muertos" (Mt. 27:63-64). De modo que Pilato envió una guardia de soldados romanos para que vigilaran el sepulcro y los autorizó a cerrar el sepulcro con un sello romano (vv. 65-66).

Para robar el cuerpo de Jesús, once discípulos civiles tendrían que haber doblegado a una guardia de hasta dieciséis soldados romanos bien armados y quitar una piedra que pesaba más de una tonelada para llegar a Jesús. Pero no solo eso, los discípulos tendrían que haber roto el sello oficial romano, que era un delito punible de muerte. Además, ¿dónde podrían haber escondido un cuerpo muerto para que nadie lo detectara? Y de haber cometido semejante engaño, entonces ¿por qué los discípulos hubieran dado la vida por lo que sabían que era una mentira?

El testimonio de los lienzos de la sepultura

Cuando Juan llegó al sepulcro y miró dentro, "vio los lienzos puestos allí, y el sudario, que había estado sobre la cabeza de Jesús, no puesto con los lienzos, sino enrollado en un lugar aparte" (Jn. 20:6-7). Eso fue suficiente para que Juan creyera en la resurrección de Jesús. La razón es la manera en que estaban puestos los lienzos de la sepultura.

LA RESURRECCIÓN Y LA ASCENSIÓN

En los tiempos bíblicos, los cadáveres se envolvían con un lienzo de tela y la cabeza se envolvía con un trozo de tela diferente. Los lienzos envolvían el cuerpo y el sudario envolvía la cabeza de tal manera que parecía un turbante. Luego el cuerpo se colocaba boca arriba sobre una plataforma dentro del sepulcro. Lo que Juan describió fue una escena donde los lienzos de la sepultura yacían intactos. El sudario no estaba desenrollado, sino que todavía estaba enrollado en un lugar aparate de los otros lienzos. La única manera de que los lienzos de la sepultura siguieran en la misma posición sin el cuerpo es que Jesús hubiera pasado a través de ellos. Si Él no hubiera muerto, sino revivido y escapado como dicen algunos, tendría que haberlos desenrollado para salir. Y los lienzos hubieran estado todos amontonados sobre el suelo del sepulcro. Pero Jesús atravesó esos lienzos con su cuerpo resucitado y glorificado.

El testimonio de la vida transformada de los discípulos

Otra "prueba convincente" que confirma la resurrección es *la transformación que tuvo lugar en la vida de los discípulos*. Pedro negó conocer a Jesús tres veces en la crucifixión. Pero solo unas semanas más tarde, "poniéndose en pie con los once, alzó la voz" y les predicó el mensaje del evangelio sin temor en el día de Pentecostés (Hch. 2:14). Pedro tuvo que reunir mucho coraje para declarar: "a éste... prendisteis y matasteis por manos de inicuos, crucificándole; al cual Dios levantó, sueltos los dolores de la muerte" (vv. 23-24). Él no pondría en peligro su vida de esa manera por una mentira.

Un par de capítulos después en Hechos, vemos que Pedro y los apóstoles estaban sufriendo maltratos por su mensaje. Jacobo perdió la vida y Pedro terminó en la cárcel con una sentencia de muerte (Hch. 12). Saulo estuvo presente cuando apedrearon a Esteban y les dio su aprobación (Hch. 7:58; 8:1). Él estaba determinado a erradicar a esta nueva secta llamada "cristianos", y lo hacía con fanatismo (Fil. 3:6). Sin embargo, este cruel testigo más adelante testificaría (1 Co. 15:8) haber visto al Jesús resucitado en el camino a Damasco (Hch. 9:5). Después de encontrarse con el Cristo resucitado, Saulo nunca volvió a ser el mismo. Se convirtió en el apóstol Pablo, que estaba tan convencido de la verdad de la resurrección, que arriesgó su vida cuando sus antiguos colegas judíos trataron de matarlo por convertirse en un cristiano.

El valor de la resurrección

La resurrección de Jesucristo no solo es auténtica, sino increíblemente valiosa. Quiero mencionar solo dos beneficios principales de la tumba vacía de Jesús: 1) la Biblia da muestras de ser una fuente fiable y 2) nuestra salvación está garantizada. El hecho de que el Antiguo Testamento haya profetizado la resurrección de Cristo (Sal. 16:10; cp. Hch. 13:34-35) confirma que la Biblia es la inequívoca revelación de Dios. Los Evangelios del Nuevo Testamento revelan que Jesús profetizó personalmente su resurrección en varias ocasiones. "Desde entonces comenzó Jesús a declarar a sus discípulos que le era necesario ir a Jerusalén y padecer mucho de los ancianos, de los principales sacerdotes y de los escribas; y ser muerto, y resucitar al tercer día" (Mt. 16:21; cp. Mr. 8:31; Lc. 9:22).

Más adelante, Jesús les dijo a los discípulos que se dirigían a Jerusalén, donde Él sería entregado a los gentiles "para que le escarnezcan, le azoten, y le crucifiquen; mas al tercer día [resucitaría]" (Mt. 20:18-19). Después, en el día de la resurrección, un ángel que estaba en el sepulcro le dijo a María Magdalena: "No está aquí, pues ha resucitado" (Mt. 28:6). Si Jesús se hubiera equivocado con respecto a su resurrección, entonces no deberíamos creer nada de lo que dijo. Si Él realmente se levantó de entre los muertos, entonces podemos creer todo lo que Él dijo.

LA RESURRECCIÓN Y LA ASCENSIÓN

La resurrección de Jesús también confirma nuestra salvación. Es una garantía divina, el "comprobante" de Dios, que verifica que la muerte de Jesús pagó el precio por el pecado. Pablo escribió en Romanos 4:25, que Jesús fue entregado a la cruz por nuestros pecados y "resucitado para nuestra justificación". Cuando Él dijo: "Consumado es" en la cruz (Jn. 19:30), estaba anunciando que el precio por el pecado estaba totalmente pagado. Por lo tanto, si has recibido a Jesucristo por fe como tu Salvador, su resurrección es la garantía de tu salvación.

En su sermón del día de Pentecostés, Pedro dijo de Jesús: "al cual Dios levantó, sueltos los dolores de la muerte, por cuanto era imposible que fuese retenido por ella" (Hch. 2:24). La muerte no pudo retener a Cristo, no solo porque Él es Dios, sino porque su muerte venció el poder del pecado. El pecado es el único poder que puede retener a una persona en la muerte. La muerte solo existe por el pecado, de modo que cuando estamos limpios del pecado, la muerte pierde su control sobre nosotros (1 Co. 15:55-56).

> LA RESURRECCIÓN DE JESÚS ES EL "COMPROBANTE" DE DIOS, QUE VERIFICA QUE LA MUERTE DE JESÚS PAGÓ EL PRECIO POR EL PECADO.

Hemos visto la autenticidad y el valor de la resurrección de Cristo. Pero su resurrección también nos ofrece victoria personal.

La victoria sobre el poder del pecado

En su resurrección, Jesús nos dio la victoria sobre el pecado; tanto para el presente como para el futuro, cuando el sepulcro tenga que dejarnos ir. En el día de nuestra resurrección seremos libres de la misma presencia del pecado, porque estaremos en el cielo.

Pero la resurrección de Cristo nos da la victoria sobre el pecado en el aquí y ahora. Esto es lo que dijo Pablo en Romanos

6:1-5, un pasaje decisivo donde explica que cuando aceptamos a Cristo, nos identificamos con Él por completo, tanto en su muerte como en su resurrección. De modo que cuando Cristo se levantó de entre los muertos, tú también naciste a una nueva vida. Necesitamos esta nueva unión con Cristo debido a nuestra antigua unión con Adán. Cuando Adán pecó, su sentencia de muerte pasó a todos nosotros, como vimos anteriormente, porque todos hemos pecado. Por lo tanto, nuestra unión con Adán nos trajo la muerte, y la muerte es una realidad para todos nosotros. Pero cuando creemos en Jesús, nos unimos a Él. Y cuando nos unimos a Jesús, participamos de la resurrección a una nueva vida de la misma manera que participamos de la muerte a través de Adán.

Por consiguiente, si tú y yo tenemos pecados en nuestra vida, que nos superan y nos vencen, es porque hemos adoptado una manera de pensar errónea. Estamos viviendo como si la nueva vida de Cristo en nosotros fuera teórica y no real. La analogía es esta: Si la muerte es real y no solo teórica, tu nueva vida en Cristo y tu nuevo poder sobre el pecado es real y no teórico. Si aprendes a identificarte con tu nueva vida en Cristo (Ef. 2:5), en vez de identificarte con tu vieja vida en Adán, tendrás una nueva victoria en Cristo en vez de la antigua derrota en Adán.

Tú y yo necesitamos aprender a pensar en términos de "no soy como era antes, así que no tengo que actuar como antes". Algunos piensan al revés. Dicen: "Bueno, voy a dejar de hacer esto". Entonces respiran hondo y hacen su mejor esfuerzo. Toman todas las determinaciones, pero en unos pocos días o semanas vuelven a ser como eran antes. El esfuerzo propio no es la respuesta. Si lo fuera, podrían haber dejado ese pecado hace mucho tiempo.

Lo que necesitamos hacer es decirle a Dios: "No puedo hacerlo. No puedo dejar de pecar. No puedo evitarlo. Pero aquí y ahora, te doy gracias porque ya me has dado la victoria sobre esto en

LA RESURRECCIÓN Y LA ASCENSIÓN

Cristo. Te doy gracias porque Él se levantó de entre los muertos y tú me has dado la fortaleza que necesito para vencer este pecado. Por lo tanto, por fe, caminaré en la victoria que tú me has dado, y no en la antigua derrota que obtengo cuando trato de hacer las cosas en mis propias fuerzas". Esta es la única manera de usar el poder de la resurrección que nos pertenece en Cristo.

Cuando Jesús dijo: "separados de mí nada podéis hacer" (Jn. 15:5), quiso decir justamente eso. Cuando te unes a Cristo como una realidad diaria, experimentas el poder de su resurrección y su victoria sobre el pecado. Esa es la clave, porque la vida cristiana es "Cristo en vosotros, la esperanza de gloria" (Col. 1:27).

Más victoria a través de la ascensión de Jesús

Cada cuatro años, el Gobierno de los Estados Unidos ejecuta lo más parecido que tiene el país a la coronación de un rey o una reina: la toma de posesión presidencial. Funcionarios del gobierno se reúnen en Washington D.C. para la ceremonia, mientras la mayoría de sus ciudadanos mira por televisión la concesión de mando. La toma de posesión es la ceremonia donde se reconoce públicamente al presidente nuevo o reelecto como el líder de la nación.

La toma de posesión presidencial es espectacular. Pero ninguno de estos sucesos puede ni siquiera compararse con la entronización de Jesucristo a la diestra de Dios, la coronación con la que Dios lo honró cuando ascendió de regreso al cielo después de su resurrección.

Lo primero que debemos comprender sobre la ascensión después de la cruz es su importancia. El regreso de Jesús en una nube al cielo es una importante confirmación de la verdad de las Escrituras, y tiene maravillosas implicaciones para nosotros hoy.

En su magnífico sermón a los judíos en el día de Pentecostés, el apóstol Pedro dijo:

> A este Jesús resucitó Dios, de lo cual todos nosotros somos testigos. Así que, exaltado por la diestra de Dios, y habiendo recibido del Padre la promesa del Espíritu Santo, ha derramado esto que vosotros veis y oís. Porque David no subió a los cielos; pero él mismo dice: Dijo el Señor a mi Señor: Siéntate a mi diestra, hasta que ponga a tus enemigos por estrado de tus pies (Hch. 2:32-35).

La cita de Pedro es del Salmo 110:1, una profecía hecha casi mil años antes de que Jesús naciera. David anticipó el futuro y profetizó que Cristo ascendería al cielo y se sentaría a la diestra de Dios. De modo que la ascensión es otra importante confirmación de la Palabra profética de Dios en el Antiguo Testamento.

Hechos 1:9 dice que Jesús "fue alzado, y le recibió una nube". Estaba partiendo en una nube. Dos ángeles dijeron que Jesús había "sido tomado" (v. 11). En otras palabras, la ascensión de Jesús fue gradual, visible y física. No fue un espejismo, un truco o el resultado de alguna prestidigitación. Así como Jesús resucitó corporalmente, también ascendió corporalmente. La Biblia profetizó su ascensión y, en presencia de sus discípulos, Jesús ascendió nuevamente al cielo.

La ascensión y ministerio actual de Jesús son de suma importancia para ti y para mí que buscamos una vida cristiana llena del Espíritu, dinámica y victoriosa, que es la voluntad de Dios para nosotros. Durante la última cena, después de predecir su ascensión, Jesús dijo a sus discípulos: "Os conviene que yo me vaya; porque si no me fuera, el Consolador no vendría a vosotros; mas si me fuere, os lo enviaré" (Jn. 16:7). Esta, desde luego, fue la promesa de Jesús de enviar al Espíritu Santo, de quien Jesús dijo: "mora con vosotros, y estará en vosotros" (Jn. 14:17). Jesús dijo

LA RESURRECCIÓN Y LA ASCENSIÓN

que su ascensión daría inicio al ministerio del Espíritu Santo y que este sería mucho mejor para los discípulos que su presencia física. ¿Por qué? Porque cuando Jesús estuvo en la tierra, Él obraba en un lugar a la vez. De modo que cuando alguien necesitaba que Jesús atendiera una urgencia, como sucedió en varias ocasiones, Él tenía que irse del lugar donde se encontraba para ir a donde estaba la persona que lo necesitaba. Pero puesto que el Espíritu Santo vive en cada creyente, Él va con nosotros a dondequiera que vayamos. Y Él siempre está presente con todo su poder en la vida de cada creyente del mundo al mismo tiempo.

El Espíritu Santo no está sujeto a limitaciones de la carne humana a la cual Jesús se sometió voluntariamente para poder ser nuestro Salvador. Eso es parte de las buenas nuevas de la ascensión de Jesús.

> SI LA ASCENSIÓN ES VERDAD, EL CIELO ES VERDAD.

La ascensión de Jesús es el eje central de una de las promesas más preciosas de la Biblia. Aquella noche, antes de su muerte, Jesús les aseguró a sus seguidores: "En la casa de mi Padre muchas moradas hay; si así no fuera, yo os lo hubiera dicho; voy, pues, a preparar lugar para vosotros. Y si me fuere y os preparare lugar, vendré otra vez, y os tomaré a mí mismo, para que donde yo estoy, vosotros también estéis" (Jn. 14:2-3). La ascensión es vital para nuestra esperanza del futuro y la eternidad. Jesús no solo ascendió para volver al Padre y enviarnos la promesa del Espíritu Santo, sino que fue a preparar un lugar en el cielo para nosotros. Puesto que Jesús fue a ese lugar, nosotros tenemos un lugar a donde algún día iremos. Y así como Cristo ascendió al cielo, tú y yo dejaremos esta tierra algún día y ascenderemos al cielo, porque Jesús volverá por nosotros. Si la ascensión es verdad, el cielo es verdad.

Los logros de la ascensión

El segundo aspecto de la ascensión de Cristo son sus logros. ¿Cuáles son hoy las repercusiones de que Jesús haya ascendido al Padre? Cuando Jesús ascendió, se sentó a la diestra de Dios y todas las potestades del universo están sujetas a Él; particularmente, el reino espiritual, tanto los santos ángeles como los demonios.

Pedro escribió que Cristo "habiendo subido al cielo está a la diestra de Dios; y a él están sujetos ángeles, autoridades y potestades" (1 P. 3:22). El escritor de Hebreos también estableció la autoridad del Cristo que resucitó y ascendió "habiendo efectuado la purificación de nuestros pecados por medio de sí mismo, se sentó a la diestra de la Majestad en las alturas, hecho tanto superior a los ángeles, cuanto heredó más excelente nombre que ellos" (He. 1:3-4). Cristo fue exaltado sobre los ángeles en su ascensión y eso tiene enormes implicaciones para ti y para mí.

Eso nos conduce al segundo gran logro de la ascensión. Pablo dijo que en unión con Cristo, Dios nos resucitó "y asimismo nos hizo sentar en los lugares celestiales con Cristo Jesús" (Ef. 2:6). ¡Somos gobernantes en el reino celestial con Cristo! En su ascensión, la humanidad redimida fue elevada a una posición de autoridad sobre los ángeles.

La ascensión de Jesús y nuestra unión con Él *nos da una inmensa autoridad para servirle*. Un momento antes de su ascensión, Jesús les dijo a sus discípulos: "Toda potestad me es dada en el cielo y en la tierra" (Mt. 28:18). Entonces les dio la comisión, al igual que a nosotros, de ir a todas las naciones y hacer discípulos. La autoridad de Jesucristo mora hoy en su Iglesia, "y [Dios] sometió todas las cosas bajo sus pies [de Jesús], y lo dio por cabeza sobre todas las cosas a la iglesia, la cual es su cuerpo, la plenitud de Aquel que todo lo llena en todo" (Ef. 1:22-23).

Cuando entendemos la ilimitada autoridad espiritual que tenemos en Cristo, nos damos cuenta de que ninguna de las armas que Satanás usa contra nosotros puede derrotarnos. Si lo hace, es porque permitimos que Satanás gane, no porque tiene más poder que Cristo. Por lo tanto, no importa qué situación estés enfrentando hoy o qué ataque de Satanás estés experimentando, tú no estás solo. Tu Sumo Sacerdote está intercediendo en el cielo por ti y le está pidiendo al Padre que te dé toda la fortaleza que necesitas. Y tú tienes acceso a la autoridad espiritual que Jesús ha obtenido para ti al morir.

Esta persona de la cruz, que resucitó y ascendió al cielo, ha recibido una corona como Rey y está sentada a la diestra del Padre en el lugar de mayor poder y autoridad. Este es Aquel que los profetas anunciaron y que los tipos del Antiguo Testamento anticiparon. Es Aquel por medio de quien fueron creadas todas las cosas en el cielo y en la tierra, y todas las cosas existen.

Este es el Cristo de la cruz, perfectamente divino e indudablemente humano.

PARTE 2

EL PROPÓSITO DE LA CRUZ

5

LOS LOGROS

VINCE LOMBARDI, el legendario entrenador de fútbol americano de los Green Bay Packers, estaba muy frustrado con el desempeño de su equipo durante una temporada, y decidió hablarles sobre su rendimiento pues consideraba que no estaban jugando a la altura de sus capacidades. De modo que, una tarde, reunió a los jugadores en el vestuario.

"Es obvio para mí que nos está faltando algo aquí. Necesitamos volver a lo fundamental —luego, sosteniendo el balón entre sus manos, continuó diciendo—; muchachos, esto es una pelota".

Ahora bien, esas palabras podrían parecer elementales para jugadores de fútbol profesional, que han estado jugando durante años. Pero su intención era mostrarles que no estaban rindiendo a su nivel. Los jugadores de los Packers salían al campo de juego, pero les faltaba lo fundamental: las reglas básicas del juego.

Como cristianos, muchos de nosotros no estamos viviendo al nivel que Dios desea y para lo cual nos faculta. No estamos expresando la plenitud de la vida abundante que Jesucristo nos dio al morir. Una de las razones es que mientras hemos dedicado una cantidad desmesurada de tiempo y recursos a crear una cultura cristiana, nos hemos olvidado de los principios básicos. Hemos dejado de lado el fundamento.

Cuando no entendemos la esencia de nuestra fe y su fundamento, tampoco respondemos adecuadamente a cada situación de la vida.

Quiero que visualices en tu mente la cruz de Jesucristo y que prestes atención a estas palabras: "Amigos y compañeros cristianos, esta es la cruz. Es el fundamento sobre el cual descansan todas las cosas. Es el eje central de nuestra fe y de todo lo que debemos pensar y hacer".

Por "la cruz" no me refiero solo a dos pedazos de madera. Tampoco me refiero al icono de identificación sobre el campanario de una iglesia o al símbolo que decora una pared o al colgante que adorna tu cuello. Cuando hablo de "la cruz", me estoy refiriendo al sacrificio expiatorio de Jesús y su ulterior resurrección.

La cruz es la esencia irreducible y sustantiva de nuestra fe.

Los pecadores no comprenden la cruz; porque si lo hicieran, correrían hacia ella. Muchos santos no la aprecian; porque si lo hicieran, vivirían de otra manera, a la luz de ella. A menudo no aplicamos plenamente ni apreciamos en su totalidad la relevancia práctica de la cruz para la vida diaria.

A MENUDO NO APLICAMOS PLENAMENTE NI APRECIAMOS EN SU TOTALIDAD LA RELEVANCIA PRÁCTICA DE LA CRUZ PARA LA VIDA DIARIA.

Por qué no valoramos la cruz

A veces no apreciamos cabalmente la cruz, porque no reconocemos por completo nuestra necesidad de ella. De modo que le damos menos valor del que tiene. Es como el aire que respiramos. Cada día respiramos oxígeno con relativa facilidad. No tenemos que fabricarlo. No tenemos que comprarlo. No tenemos que trabajar para obtenerlo. Ni tenemos que ir a buscarlo. Está ahí mismo para que cada día respiremos. Nuestra vida misma depende de esta sustancia, sin embargo, ni siquiera pensamos en el aire. Básicamente, lo damos por hecho.

LOS LOGROS

Eso si tú no eres como yo, que a veces padezco de asma. He tenido asma desde que tengo uso de razón y, durante esos episodios de fuertes ataques, mi dependencia del oxígeno es obvia para mí. De hecho, en lo único que pienso en esos momentos es en el oxígeno. Cuando respirar deja de ser fácil durante un ataque de asma, casi no hay nada que no daría por un poco de oxígeno. De repente, el valor que le doy al oxígeno vuelve a subir al lugar que le corresponde. Después de todo, nuestra vida depende por completo del oxígeno.

Lo mismo puede suceder con la cruz en diferentes aspectos. Es un bonito colgante o recordatorio durante la Santa Cena, que evoca a Jesucristo que nos amó tanto que murió por nosotros. Queda bien en una pared o en el campanario de una iglesia. Pero raras veces hablamos de ella, y me imagino que la mayoría de nosotros tampoco pensamos mucho en ella. Su valor intrínseco es absoluto, sin ella todos estaríamos muertos en nuestras transgresiones y pecados; sin embargo, la percepción de su valor disminuye cuando cambiamos de actitud y damos por hecho su presencia. La razón por la que cambiamos de actitud tan fácilmente es que nos hemos olvidado de nuestra necesidad imperiosa de la cruz.

Antes de ver lo que la cruz de Cristo logra para nosotros, debemos entender nuestra necesidad de ella en función de 1) la santidad de Dios, 2) la ley y nuestra incapacidad de cumplirla y 3) el dominio de nuestro pecado.

La santidad de Dios

El atributo principal y central de Dios —su perfección predominante— es su santidad. Esta es la única descripción de Dios que se reitera tres veces en las Escrituras. Nunca se le llama a Dios: "Amor, amor, amor". Tampoco: "Paz, paz, paz", sino que, en Isaías 6:3, se le llama: "Santo, santo, santo". Es dentro de esta distinción que descubrimos la verdadera necesidad de la cruz.

La palabra "santo" significa único en su categoría. Santo habla de la naturaleza trascendente de Dios. También habla de su separación del pecado. Puesto que Dios es santo por naturaleza, la justicia es la revelación tanto de su naturaleza como de su norma. En esta condición, Dios dio la ley como una norma de justicia para la humanidad. Como leímos en Romanos 3, la ley de Dios manifiesta su santidad por medio de su revelación. Sin embargo, lo que la humanidad ha tratado de hacer con el tiempo es rebajar la ley al rebajar sus normas. De alguna manera desean mantener las bendiciones del nombre de Dios mientras ignoran el eje central de su naturaleza. Al rebajar la norma de santidad de Dios mientras a la vez enaltecen a la humanidad, ya no tienen que seguir tratando con Dios *como* Dios.

Sin embargo, a la postre, esto es como mantener una pelota de playa debajo del agua. Cuando tratas de mantener a la fuerza una pelota de playa debajo del agua, en realidad, finalmente la pelota saldrá propulsada más arriba cuando salga del agua. No importa cuanto lo intentes, una pelota de playa nunca permanecerá debajo del agua por sí sola, sencillamente, por la ley de la física. Ni Dios disminuirá sus propias normas de justicia debido a su propia santidad.

La ley

La norma santa de Dios, que Él nos exhorta a seguir, se establece claramente en el libro de Romanos, donde dice: "Pero ahora, aparte de la ley, se ha *manifestado* la justicia de Dios, testificada por la ley y por los profetas" (Ro. 3:21) y, "porque la paga del pecado es muerte" (6:23). Dios tiene una norma: la perfección.

Ten en cuenta que Dios no nos ha dado la ley para hacernos más justos. Por el contrario, la ley revela cuán injusta es realmente la humanidad. La ley es como un espejo. Una persona se para frente al espejo para ver qué mal se ve para poder arreglarse. Vemos esta verdad revelada en Romanos 3:20: "ya

LOS LOGROS

que por las obras de la ley ningún ser humano será justificado delante de él; porque por medio de la ley es el conocimiento del pecado".

La ley nunca estuvo destinada a corregirte. La ley estuvo destinada a mostrarte lo que necesitas corregir. Por ejemplo, cuando conduces por una calle y pasas una señal de tráfico que dice 60 km/h, ningún policía te va a detener para felicitarte por conducir a 60 km/h o menos. Jamás me detuvo un policía solamente para decirme: "Tony, quiero que sepas que eres un ciudadano sensacional por conducir a 60km/h o menos. Excelente, Tony". Antes bien, si un policía detiene a alguien es por transgredir la ley; porque la ley (y los agentes del orden) no están allí para felicitarte, sino para mostrarte cuándo has infringido la norma.

De igual modo, la ley de Dios no está destinada a hacerte justo, sino a mostrarte tu injusticia.

Después de todo, es fácil en estos días ignorar la injusticia. Caemos en esto de varias maneras, una de ellas es cuando no llamamos *"pecado"* al pecado. Le damos otro nombre para que no suene tan mal: un error.

Más allá de eso, las Escrituras también dicen que aun nuestras supuestas obras de "justicia" a menudo están contaminadas, ya sea por una motivación o intención equivocada. Leemos esto en el libro de Isaías: "Si bien todos nosotros somos como suciedad, y todas nuestras justicias como trapo de inmundicia" (64:6).

Nuestras obras personales que parecen "buenas", generalmente están contaminadas con actitudes y corazones que no lo son. Podríamos hacer las cosas motivados por un instinto de supervivencia, egoísmo o incluso orgullo. Por eso Jesús reveló otra faceta del pecado cuando dijo: "Oísteis que fue dicho: No cometerás adulterio. Pero yo os digo que cualquiera que mira a una mujer para codiciarla, ya adulteró con ella en su corazón" (Mt. 5:27-28). Jesús llevó nuestro entendimiento del pecado a un nuevo nivel con esta y otras declaraciones. Nos explicó que Dios no solo mira las obras externas, sino que le interesa más nuestro corazón y nuestra motivación interna.

Puede que muchos creyentes no tengan una aventura amorosa con alguien, pero me imagino que hay muchos que han mirado a otra persona con lujuria en cierto momento. Para Dios, nuestras actitudes adúlteras están en la misma categoría que el adulterio en sí.

> PARA DIOS, NUESTRAS ACTITUDES ADÚLTERAS ESTÁN EN LA MISMA CATEGORÍA QUE EL ADULTERIO EN SÍ.

Reconocer y aceptar esta verdad nos bajaría a muchos de nosotros del pedestal desde el cual juzgamos tan fácilmente a otros y nos colocaría más en línea con la perspectiva de Dios sobre nosotros mismos. Resaltaría nuestra necesidad de la cruz y la redención de Cristo en nuestra vida. Cuando nos ponemos en línea con la perspectiva de Dios, vemos con más claridad cuánto logró por nosotros la cruz de Cristo.

Las Escrituras son contundentes cuando declaran: "Todos se desviaron, a una se hicieron inútiles; no hay quien haga lo bueno, no hay ni siquiera uno" (Ro. 3:12; ver Sal. 14:3; 53:2-3). No hay excepción. Todos nos desviamos. Dios nos mide a todos en referencia a sus normas de justicia y, en ese caso, ninguno de nosotros honramos totalmente sus normas.

Ya sea por el pecado original (Ro. 5:14-18) o por el pecado heredado que proviene de nuestra naturaleza pecadora (Gá. 5:17; Sal. 51:5), todos pecamos. Ya sea un pecado sofisticado que se atavía de traje o vestido con la apariencia de espiritualidad externa mientras albergamos celos, envidia y juicios en el corazón, o el pecado modesto que manifestamos abiertamente a todos; todo es pecado para Dios. A Él no le importa si aparentamos o no, porque Dios no mira la apariencia externa. Dios mira el corazón.

De hecho, Jesús dijo algunas de sus palabras más duras a aquellos pecadores que parecían limpios por fuera; en esa época, los fariseos: "¡Fariseo ciego! Limpia primero lo de dentro del vaso y del plato, para que también lo de fuera sea limpio" (Mt. 23:26). Es verdad que no todos pecan al mismo nivel o al mismo grado. Sin embargo, ¿cómo les ayuda eso si la norma es la perfección? Permíteme ilustrarlo de otra manera. Si todos saltáramos al océano Pacífico y tratáramos de nadar hasta Hawái, ¿importaría si alguno de nosotros llegara más lejos que el resto? No, no importaría en absoluto, porque finalmente todos nos ahogaríamos.

La consciencia del pecado

Entonces, ¿por qué Dios quiere que tengamos consciencia del pecado? ¿Por qué nos dio la ley como un revelador no solo de nuestras acciones sino también de nuestro corazón? Porque cuando vemos nuestro pecado, también vemos nuestra necesidad del Salvador.

Por ejemplo, cuando vas a una joyería y pides ver un diamante, el comerciante tomará un estuche, sacará el diamante y casi siempre lo colocará sobre un paño negro. El joyero tiene una razón especial para mostrarte el diamante sobre un paño oscuro. Es porque cuanto más oscuro sea el fondo, más brillante parecerá el diamante.

Del mismo modo, Dios quiere que veamos claramente cuán pecaminosos somos para que podamos apreciar por completo la importancia de la cruz. Porque cada vez que la consciencia de nuestra pecaminosidad disminuye, la cruz se pierde. Su brillo se pierde y, por lo tanto, su eficacia y su poder se pierden. Y también pierde su poder en nuestra vida diaria.

El sacrificio expiatorio de Jesucristo nos limpia del pecado. Leemos:

> Porque Cristo, cuando aún éramos débiles, a su tiempo murió por los impíos (Ro. 5:6).

Mas Dios muestra su amor para con nosotros, en que siendo aún pecadores, Cristo murió por nosotros (Ro. 5:8).

Porque si siendo enemigos, fuimos reconciliados con Dios por la muerte de su Hijo, mucho más, estando reconciliados, seremos salvos por su vida (Ro. 5:10).

Y él [Jesús] es la propiciación por nuestros pecados; y no solamente por los nuestros, sino también por los de todo el mundo (1 Jn. 2:2).

el cual se dio a sí mismo por nuestros pecados para librarnos del presente siglo malo, conforme a la voluntad de nuestro Dios y Padre (Gá. 1:4).

Porque también Cristo padeció una sola vez por los pecados, el justo por los injustos, para llevarnos a Dios, siendo a la verdad muerto en la carne, pero vivificado en espíritu (1 P. 3:18).

La cruz nos remite a la muerte expiatoria de Cristo por el pecado. Pero si no comprendes la norma de Dios y no entiendes la pecaminosidad del hombre, no apreciarás —ni te beneficiarás de— la muerte de Cristo.

El primer logro de la cruz: la justificación

En la cruz, Jesucristo logró tres cosas específicas. Por medio de su muerte, sepultura y resurrección nos justificó, nos redimió y nos hizo propicios delante de Dios.

La *justificación* es un concepto jurídico que comprende la idea de justicia. También incluye conceptos de imparcialidad y equidad. El problema es que puesto que la paga del pecado es muerte, recibir un trato justo y ecuánime como seres pecadores delante de un Dios santo significa que merecemos ser condenados. Consciente de esto, Dios creó un camino alternativo. Creó una manera de apaciguar o saciar su ira contra nosotros al descargarla sobre un sacrificio sin pecado, Jesucristo.

Esta manera que Dios creó para absolver legalmente a los pecadores de sus pecados se conoce como *imputación*, lo cual significa que Dios atribuyó (o "acreditó") nuestro pecado a Jesucristo y atribuyó su justicia sobre nosotros (2 Co. 5:21).

Esto puede entenderse por medio de una analogía similar tomada de un sector financiero. La Biblia a menudo describe el pecado como una deuda. Por ejemplo, en el Padrenuestro leemos: "Perdona nuestras deudas". En Romanos 6:23 leemos que "la paga del pecado es muerte".

Puede que tengas deudas de tarjetas de crédito, del préstamo de tu automóvil o de la hipoteca de tu casa con alguna institución bancaria. Otros podrían haber pagado toda la hipoteca de su casa. Pero todos tenemos una deuda con Dios. Esto se debe a que la norma de Dios no es negociable. Él no rebaja su norma para que podamos sentirnos mejor. En cambio, nos muestra su amor de pacto (*kjésed*). Él cubre nuestro pecado con su propia alternativa de justificación al imputarnos su justicia a través de su Hijo. Dios, "al que no conoció pecado, por nosotros lo hizo pecado, para que nosotros fuésemos hechos justicia de Dios en él" (2 Co. 5:21).

La mayoría de las veces, cuando hablamos de la cruz, hablamos de Jesús, "quien llevó él mismo nuestros pecados" (1 P. 2:24). Sin embargo, Él hizo más que eso. En el versículo que acabamos de leer, Jesús "fue hecho" pecado, o como dice literalmente "al que no conoció pecado, por nosotros *lo hizo* pecado". Fue pecado.

Durante treinta y tres años, Jesús vivió en un entorno pecador. Estuvo expuesto al pecado diariamente, sin embargo, siguió siendo el perfecto Hijo de Dios. De hecho, cumplió a la perfección las exigencias de la ley mientras vivió en la tierra (Mt. 5:17; Ro. 10:4). Sin embargo, en la cruz, Jesús se volvió pecado.

La gravedad de esta situación real es alarmante cuando piensas que hay casi siete billones de personas actualmente en el planeta tierra. De igual modo, la cantidad de personas que vive en la tierra hoy se cree que es igual a la cantidad de personas que ha vivido en la tierra desde el comienzo del tiempo. Suma las dos cifras y tendrás casi catorce billones de personas, que han pecado numerosas veces y de numerosas maneras. Eso no solo es una enorme cantidad de personas, sino también una enorme cantidad de pecados.

Todos los pecados de catorce billones de personas, además de los pecados de las personas que están por nacer —todo lo que hicieron, quisieron hacer y pensaron hacer, ya sea solo la intención o el hecho consumado— se acumularon ese día cuando Jesucristo colgó de la cruz. Cristo cargó en la cruz todos los pecados, en acciones y actitudes, de catorce billones de personas. Además de eso, se sumaron los pecados de las personas que aún no nacieron y los pecados que aún no se cometieron; todos se cargaron sobre Jesucristo para que nosotros fuéramos justificados.

¿Cuán terrible fue ese momento? A menudo pensamos que el dolor de la cruz fueron las heridas del látigo de nueve correas sobre su espalda o las espinas de la corona que hundieron en su cráneo o los clavos que perforaron sus manos y sus pies. Y todo eso fue dolorosísimo, sí. Pero no fue nada comparado con el momento cuando Jesús miró al cielo y clamó a gran voz: "Dios mío, Dios mío, ¿por qué me has desamparado?" (Mt. 27:46).

En ese instante, Jesús se hizo pecado. En ese instante, la unidad de la Trinidad se interrumpió cuando Jesús se dirigió al Padre y le preguntó por qué lo había abandonado. En la cruz, cuando Jesucristo cargó los pecados de todo el mundo, el Padre le dio la espalda a su Hijo y, básicamente, le dijo a Jesús: "Vete al infierno". Porque cuando Jesús murió, allí es exactamente a donde fue.

Ese, mi amigo, es el dolor de la cruz. Ese es el sacrificio que Jesús hizo por nosotros. Y eso es más de lo que podamos llegar a comprender. Jesucristo experimentó el infierno para que tú y yo pudiéramos experimentar el cielo.

Aquí, en este instrumento de dolor y vergüenza, vemos la demostración más grande de amor sacrificial de todos los tiempos. Gracias a la cruz, tú y yo ahora podemos estar justificados delante de Dios como si nunca hubiéramos pecado. Aunque somos pecadores, cuando creímos en Jesús y que en Él tenemos perdón de pecados y el regalo de la vida eterna, hemos recibido un crédito para saldar nuestras deudas, y ese crédito es la justicia de Cristo.

La justificación es la declaración legal de que eres inocente aun cuando eres culpable. Esto se debe a que Dios pensó en una manera alternativa de atribuir el crédito de la justicia a tu cuenta, y Él lo hizo mediante el don de la gracia. Pablo escribió que somos "justificados gratuitamente por su gracia, mediante la redención que es en Cristo Jesús" (Ro. 3:24). La gracia es la provisión inagotable de la bondad de Dios mediante la cual Él hace por nosotros lo que no podemos hacer por nosotros mismos: hacernos justos delante de Él.

> AUNQUE SOMOS PECADORES, HEMOS RECIBIDO UN CRÉDITO PARA SALDAR NUESTRAS DEUDAS, Y ESE CRÉDITO ES LA JUSTICIA DE CRISTO.

El segundo logro: la redención

Nuestra justificación tiene lugar por la obra redentora de Cristo en la cruz. La palabra "redención" en la Biblia, por lo general, se usa en referencia a la esclavitud. En los tiempos bíblicos, a menudo los esclavos podían comprar su libertad. Ya fuera que compraran su propia libertad o que otra persona se la comprara y de esta manera los "redimiera". "Redimir" significa comprar mediante el pago de un precio. El precio de nuestra salvación fue la sangre derramada de Jesucristo. En la cruz, Cristo nos redimió del mercado de esclavos del pecado.

La palabra griega para "redención" en Romanos 3:24 es *apolútrosis*, que deriva de la raíz de dos palabras, *lútron* y *apo*. *Lútron* implica una liberación mediante el pago de un precio o un rescate. El otro prefijo, *apo*, refiere a una separación. El agregado *apo* implica una redención como la medida más definitiva; una separación que elimina la unión de dos cosas y crea una gran distancia entre las dos.

Dicha separación tenía lugar cuando la nación judía observaba el día de expiación. El sumo sacerdote mataba un macho cabrío y lo desangraba, lo cual representaba el sacrificio por los pecados de la nación de Israel. Posteriormente, el sacerdote ponía sus manos sobre otro macho cabrío, el chivo expiatorio. Leemos en Levítico que...

> ...pondrá Aarón sus dos manos sobre la cabeza del macho cabrío vivo, y confesará sobre él todas las iniquidades de los hijos de Israel, todas sus rebeliones y todos sus pecados, poniéndolos así sobre la cabeza del macho cabrío, y lo enviará al desierto por mano de un hombre destinado para esto. Y aquel macho cabrío llevará sobre sí todas las iniquidades de ellos a tierra inhabitada; y dejará ir el macho cabrío por el desierto (16:21-22).

El plan era bastante sencillo: enviar al macho cabrío al desierto a un lugar montañoso llamado Azazel, que significa "escarpado" y "fuerte". Sin embargo, después de hacer eso, cabía la posibilidad de que más adelante algunos encontraran al macho cabrío errante o incluso que el animal volviera solo. Puesto que el macho cabrío tenía un trozo de tela escarlata atado a su cabeza, se le podía identificar fácilmente. Los registros históricos indican que los israelitas lidiaban con este problema de chivos que

LOS LOGROS

deambulaban cuando llevaban al macho cabrío a Azazel y lo arrojaban por un precipicio a su muerte de tal manera de crear un *apo* o separación definitiva.

Lútron garantiza nuestra redención de los pecados cometidos delante de Dios. *Apo* significa que el castigo por esos pecados no volverá, porque se lo "separó" y se lo envió lejos.

La palabra junta, *apolútrosis*, es la redención, completa, absoluta y definitiva que Cristo consiguió para nosotros en el madero. En la cruz, Él no solo pagó el precio por nuestro rescate del pecado, sino que nos libró del castigo de nuestro pecado y lo llevó tan lejos de nosotros como está el oriente del occidente (Sal. 103:12).

El tercer logro: la propiciación

El tercer logro de la cruz después de la justificación y la redención es la propiciación. Leemos esto en Romanos 3:25: "a [Cristo Jesús] Dios puso como propiciación por medio de la fe en su sangre". Para entender la propiciación recordemos que la justicia de Dios se debe aplacar. Su ira desciende automáticamente sobre la injusticia debido a su naturaleza santa. Pablo escribe a los romanos: "Porque la ira de Dios se revela desde el cielo contra toda impiedad e injusticia de los hombres que detienen con injusticia la verdad" (Ro. 1:18). ¿Cómo se aplaca la ira de Dios? Por medio de la *propiciación*, una palabra que significa "saciar, aplacar, expiar". El sacrificio de Cristo es la propiciación.

Una figura o tipo (ver p. 50) de la propiciación aparece en la historia de la Pascua. El ángel de la muerte visitó Egipto para llevarse la vida de todos los primogénitos. Pero antes de que llegara la última plaga sobre aquella nación, Dios mandó a su pueblo matar a un cordero sin mancha y rociar con su sangre los dinteles de sus puertas. Cuando hicieran eso, el ángel pasaría por esa casa y no se llevaría la vida del primogénito que allí viviera. Su justicia no caería sobre esa familia, porque sería aplacada por la sangre del cordero. Eso saciaría —la propiciación ofrecida— a un Dios santo. Pero donde no hubiera sangre, no habría aplacamiento, y todo el peso de la ira de Dios vendría sobre el hogar que no estuviera protegido.

Otra ilustración del concepto de la propiciación fue cuando Moisés y su esposa Séfora recibieron el mandato de circuncidar a su hijo. Aunque Dios le había dado la orden, Moisés no circuncidó a su hijo, por eso la ira de Dios cayó sobre Moisés como juicio. Sin embargo, dice que cuando Séfora intervino y circuncidó a su hijo, la ira de Dios se aplacó y se volvió atrás (Éx. 4:24-26). Moisés evitó la ira de Dios, porque alguien intervino y, como un mediador, apaciguó su ira.

La historia de la propiciación de Séfora nos muestra dos verdades: 1) la ira de Dios puede evitarse, y 2) alguien más puede intervenir y actuar en nombre de otra persona. Eso es exactamente lo que hizo Jesucristo al morir por nosotros en la cruz. Él desvió la ira de Dios que venía sobre nosotros y la recibió Él a fin de ser la propiciación para nuestros pecados, así como para los pecados de todo el mundo (1 Jn. 2:2).

Cuando Jesucristo murió en la cruz, Él recibió el juicio que venía sobre nosotros. El fuego de la ira de Dios no alcanza a aquellos que aceptan la cruz de Cristo. Él nos libró del castigo de nuestros pecados y sació la ira de Dios por el pecado. Gracias a la propiciación de Jesús, no solo no tenemos nada que temer con respecto a la eternidad, sino que también hemos recibido una maravillosa salvación para vivir en la tierra.

6

LA IDENTIFICACIÓN

UN HOMBRE LLAMÓ a la oficina de un psiquiatra para pedir una cita y le comunicó a la recepcionista que tenía "serios problemas". Días más tarde, cuando finalmente tomó asiento en el confortable y prolijamente ordenado consultorio del psiquiatra, parecía cauteloso delante del médico.

—Doctor —dijo. El médico miró al paciente a los ojos y asintió con su cabeza, en un gesto de alentarlo amablemente a seguir hablando—. Doctor, algo en mí está mal —dijo repentinamente el hombre.

—¿Cuál es el problema, caballero? —le preguntó el médico para obtener más información.

—Bueno, cada vez que voy al supermercado, me siento atraído al sector de alimentos para perros. Me gusta estar en ese sector. De hecho, me encanta comer alimento para perros.

El médico cambió de posición en su silla y decidió averiguar algunos antecedentes del problema de este hombre.

—¿Cuánto hace que está lidiando con este problema? —preguntó el médico pacientemente.

—Desde que soy cachorro —respondió el hombre.

Como puedes ver, aquello que te atrae está determinado por cómo te percibes a ti mismo. Si te percibes como un cachorro, es natural que te atraiga el alimento para perros. En otras palabras, tu identidad es decisiva para tu comportamiento, tus hábitos y tus acciones.

Muchos cristianos hoy no saben bien quiénes son, por eso tampoco saben bien cómo actuar. Nuestras acciones están ligadas a nuestra percepción de nosotros mismos. Es decir, que si la percepción de nosotros mismos es incorrecta, nuestras acciones también lo serán.

A menudo queremos cambiar lo que hacemos sin tener un claro entendimiento de quiénes somos. En realidad, esto funciona a la inversa. Cuando un cristiano dice: "Soy adicto", no deberíamos sorprendernos si él o ella manifiesta esa adicción; porque eso es lo que tal persona afirmó ser. Tu identificación de ti mismo repercute en lo que practicas. Tus pensamientos influyen en lo que haces.

De hecho, tengo un amigo que trabaja en un centro de rehabilitación de drogadictos —uno de los mejores de la nación—, donde solo usan las Escrituras para ayudar a los pacientes a superar sus adicciones. Eso se debe a que cuando meditas y memorizas la verdad de quién eres y el poder de Aquel que te ama, tienes todo lo que necesitas para vivir en victoria. La mente es poderosa. Es la raíz de todas las derrotas, así como de todos los éxitos.

Por lo tanto, si quieres alcanzar la grandeza que Dios tiene reservada para ti, en vez de conformarte solo con subsistir, primero debes cambiar tus pensamientos. En particular, debes cambiar lo que piensas de la cruz de Cristo. Como vimos en el capítulo anterior, la cruz de Jesucristo es tan relevante hoy como lo fue hace dos mil años. No se trata solo de un icono que cada año rememoramos en la Pascua. Antes bien, es la definición misma de tu éxito como creyente. Es el eje central de tu referencia personal y tu identidad.

La síntesis de quién eres como cristiano y quién ha destinado Dios que seas se encuentra en Gálatas 2:20. Este es mi versículo lema. De hecho, antes de poner un pie en el piso cada

LA IDENTIFICACIÓN

mañana, normalmente recito este versículo que dice quién soy y cómo enfrentar el día. Sin embargo, antes de estudiar este versículo, vamos a considerar su contexto. A partir del versículo 11 de Gálatas 2, descubrimos que Pedro había estado comiendo bocadillos de jamón, vísceras fritas y patas de cerdo con los gentiles. Estaba disfrutando de una buena comida, que no comía habitualmente (cerdo), con un grupo de personas con el que los judíos no solían juntarse. Pedro estaba allí por cortesía y porque Dios le había revelado en un sueño que el cerdo ya no era impuro (ver Hch. 10:10-16, 24-29). Mientras comía, aparecieron algunos de sus hermanos judíos y, para no ofender a los de su propia raza, Pedro se aparta de los gentiles. Básicamente, cede ante la presión social.

Al ver su comportamiento, Pablo confronta a Pedro. Leemos que el proceder de Pedro "era de condenar" (Gá. 2:11). No era que Pedro no fuera cristiano o que no fuera salvo; sino que no estaba actuando conforme a la fe con la cual se identificaba. Antes bien, estaba actuando conforme a su cultura. Sabemos esto porque Pablo sigue escribiendo: "Pero cuando vi que no andaban rectamente conforme a la verdad del evangelio" (Gá. 2:14).

En otras palabras, cuando Pablo notó que Pedro y la decisión social de sus amigos (con los que iban a comer) no correspondían al sistema de creencias del evangelio, vio que estaban distorsionando el mensaje y el testimonio de lo que significa el evangelio en la vida diaria. Era un asunto espiritual, teológico, que dio origen a un problema social. Todos los problemas sociales, económicos, familiares, políticos, personales y demás asuntos tienen su origen en una raíz espiritual y teológica. Uno de los problemas de hoy es nuestra renuencia o posiblemente nuestra ignorancia a relacionar lo social con lo espiritual. Debemos relacionarnos con otros sin comprometer nuestra fe. Debemos identificarnos totalmente con la cruz o no tendremos el poder que viene de estar alineados con Jesucristo.

Crucifixión e identificación

Si has recibido a Jesucristo como tu Salvador, se ha producido una crucifixión. De hecho, dos crucifixiones: Jesús en la cruz y tú. Pablo le dijo a Pedro y nos dice a nosotros, en Gálatas 2:20, que el secreto de experimentar una vida de poder y propósito se encuentra en este versículo: "Con Cristo estoy juntamente crucificado, y ya no vivo yo, mas vive Cristo en mí; y lo que ahora vivo en la carne, lo vivo en la fe del Hijo de Dios, el cual me amó y se entregó a sí mismo por mí".

A través de la cruz, se produjo una muerte doble. En el reino espiritual, lo que sucedió en la historia hace unos dos mil años ocurrió en ti cuando creíste en Jesucristo como tu Salvador. Se produjo una unión tanto teológica como práctica. De hecho, podría ser la aplicación práctica más importante de las Escrituras. La clave de todas las cosas relacionadas con la vida, la victoria y el poder yace en esta verdad revelada en Gálatas 2:20.

Cuando aceptaste a Jesucristo como tu Salvador, se produjo una transacción legal. Fuiste justificado gracias a la sangre del sacrificio de Cristo y fuiste hecho uno con Él. Es similar a un matrimonio cuando el hombre y la mujer se unen y llegan a ser "una sola carne" como se demuestra en la intimidad física. Los conflictos en el matrimonio normalmente surgen cuando una o ambas partes tratan de vivir de cualquier manera, menos como "una sola carne".

Los conflictos en tu vida cristiana surgen del mismo problema. Sin embargo, puesto que Jesucristo es la Deidad perfecta, sin pecado, solo puede haber separación cuando tú intentas vivir alejado de Él.

Una vez que entras en la familia de Dios, eres una nueva creación hecha uno con Cristo. Sin embargo, has traído bastantes pensamientos y comportamientos egocéntricos, temores, ansiedades y deseos a esta nueva relación. Similar a una hija que se casa joven, tiendes a caer otra vez en la historia de lo que has

LA IDENTIFICACIÓN

conocido y experimentado antes de tu unión con Cristo. Una hija, que pasó veintitantos años bajo la influencia y el cuidado de sus padres, podría tener dificultades para transferir esa identidad y lealtad a su joven esposo. Esto, como sabrás o habrás visto, provoca grandes conflictos en un matrimonio. Del mismo modo, traer tu manera de pensar, actuar y comportarte a tu relación con Jesucristo también provoca una serie de conflictos.

Estar crucificado con Jesucristo fija un punto de referencia completamente nuevo de cómo verte a ti mismo, a otros, a tus circunstancias y a la vida. Cuando bebo café por la mañana, me gusta añadirle un poco de crema o leche. Después de mezclarlo, mi café y la crema son uno. No hay manera de poder separar mi café de la crema que una vez mezclé. Sin embargo, lo que muchos creyentes hacen en su vida cristiana es convertirse en uno con Jesucristo en la salvación y luego intentan separarlo de sus pensamientos, acciones, decisiones, elecciones y el resto de sus vidas. La unión todavía existe, desde luego, pero terminan por tener una gran confusión y una enorme pérdida de tiempo y esfuerzo.

Morir cada día a nosotros mismos

El apóstol Pablo nos da el secreto para lograr maximizar nuestra unión con la cruz, cuando dice: "cada día muero" (1 Co. 15:31). Estar crucificado significa morir y, según Pablo, esa muerte debe ser diaria. "Morir" sencillamente significa renunciar a nuestros deseos, pensamientos y motivaciones, y en cambio aceptar sus deseos, sus pensamientos y sus motivaciones. Cuando morimos al yo es cuando realmente tenemos vida. La vida de Jesús en nosotros viene solo cuando estamos dispuestos a rendir nuestra vida y someterla a Él, cuando elegimos su voluntad por sobre la nuestra. Es la decisión consciente de permitir que los caminos de Dios reemplacen nuestros caminos, que la decisión de Dios reemplace nuestra decisión. Con tal rendición experimentaremos la vida abundante (Jn. 10:10)

EL PODER DE LA CRUZ

que Dios nos ha prometido a través de la muerte y resurrección de Jesucristo.

Muchos no lo hacen y después se preguntan por qué no están experimentando todas las promesas de Dios. Morimos a Él en la salvación; pero luego vivimos para nosotros mismos en nuestras decisiones diarias. Nos preguntamos por qué no tenemos la victoria que nos pertenece y, en cambio, vivimos en perpetua derrota. Es porque no puede haber resurrección sin crucifixión. No hay milagro si no te rindes a Dios.

Probablemente tengas diferentes electrodomésticos, y cada uno tiene una utilidad distinta. El refrigerador mantiene las cosas frías. El horno las mantiene calientes. La tostadora tuesta el pan. Los abridores de latas abren los envases, y así sucesivamente. Pero hay una cosa que todos los electrodomésticos tienen en común: ninguno de ellos funciona para sí mismo. Cada uno existe para servirte. Si no lo hicieran, creo que ya no los conservarías.

La razón por la que compraste esos electrodomésticos fue para beneficiarte de ellos. El propósito de la compra fue para beneficio del comprador.

Amigo, Dios te ha comprado y ha pagado un precio por ti (ver 1 Co. 6:20), la sangre derramada de Jesucristo. Tú existes para el Comprador, no para ti mismo. En cuanto lo inviertas y empieces a pensar que *existes para ti mismo*, habrás perdido tu identidad. Habrás perdido la razón por la que estás aquí. Nunca experimentarás todo lo que la vida cristiana debería ser. Nunca conocerás todo el poder que debes tener hasta que te des cuenta de que no existes para ti mismo. Mientras vivas para ti, todo lo que la cruz tiene para ofrecerte jamás será tuyo. Será un suceso histórico que ocurrió

> MIENTRAS VIVAS PARA TI, TODO LO QUE LA CRUZ TIENE PARA OFRECERTE JAMÁS SERÁ TUYO.

LA IDENTIFICACIÓN

hace unos dos mil años y no una experiencia diaria que te ofrece la oportunidad de vivir momentos grandiosos y hallar significado en la vida.

Si le preguntaras a Pablo cuáles son sus planes para el día, te respondería: "No tengo planes, porque las personas muertas no planifican". Sin embargo, si cambiaras la pregunta un poco y le dijeras: "Pablo, ¿cuáles son los planes de Dios para ti?", él diría: "Pues bien, te lo explicaré". Pablo renovó sus pensamientos conforme a los de Dios. Hizo de la voluntad de Dios, su voluntad. Buscar el rostro y la perspectiva de Dios era lo más importante en su vida.

Pablo entendió la idea. Comprendió lo que significaba identificarse con la cruz de Cristo, y porque lo hizo, recibió todo lo que le pertenecía en Cristo Jesús.

Los hombros, el listón y la pértiga

Una clave para entender cómo identificarse con la fe está en lo que Pablo sigue escribiendo en Gálatas 2:20: "y lo que ahora vivo en la carne, lo vivo en la fe del Hijo de Dios, el cual me amó y se entregó a sí mismo por mí". Comparada a otras versiones bíblicas, aquí la palabra "del" es la traducción más precisa del texto original con una clara definición de cómo debemos vivir en victoria. Lo que Pablo quiere transmitir aquí al decir que vive en la fe "del" Hijo de Dios es que él no vive cada día por su propia fe en Jesús, sino por su fe en la fe de Jesús en sí mismo.

Sé que esto podría parecer un poco complicado, pero la verdad que contiene es muy profunda. No se trata solo de creer en Jesucristo, sino de creer en lo que Él cree de sí mismo. Es por tu plena confianza en la plena confianza de Jesús en sí mismo que tú puedes montarte sobre sus hombros.

¿Llevaste alguna vez a un niño sobre tus hombros? ¿Sabes en qué cree ese niño? Ese niño no solo cree en ti, sino también en la confianza que tú tienes en ti mismo. Por eso te pregunta: "¿Me

EL PODER DE LA CRUZ

llevas?". En otras palabras, tu pequeña niña o tu pequeño niño te pregunta: "¿Crees que me puedes llevar?"; porque, aunque pueda tener dudas, si tú crees, él o ella creerá lo que tú creas.

Solo con tu fe en Jesús no puedes experimentar la vida abundante. Es tu fe en la fe de Jesús en sí mismo la que te abre esa puerta. No tienes que preocuparte por cuánta fe tienes; aun la fe débil puede lograr mucho si se pone en lo que es digno de ella. Jesús dijo que la fe tan pequeña como un grano de mostaza puede mover montañas. No es el tamaño de tu fe lo que importa, sino el objeto de tu fe. Esa es la clave. Si tienes mucha fe en algo pequeño, tu fe no te servirá de mucho. Pero si tienes poca fe en algo grande, tienes más que suficiente para lograr cualquier cosa. Aunque tu fe en Jesús sea pequeña, hará maravillas porque la fe de Jesús en sí mismo es enorme. No te preocupes mucho por el tamaño de tu fe, sino por dónde pones tu fe. Deja que Jesús te lleve sobre sus hombros, porque Él te sostiene.

Por ejemplo, el atleta que practica salto de altura normalmente trata de superar los dos metros. Retrocede, se coloca en posición, sale corriendo, levanta su pierna y después salta con todo el impulso que puede reunir para llegar lo más alto que pueda. El saltador de altura cree que puede hacerlo y lo hace lo mejor posible. Si toca el listón, vuelve atrás y se esfuerza más la próxima vez.

Sin embargo, cuando el atleta que practica salto con pértiga intenta superar el listón, tratará de llegar a un nivel mucho más alto, incluso más del doble que el saltador de altura. Esto se debe a que este atleta tiene una pértiga en sus manos y no depende solo de su propia habilidad de lograrlo; sino que confía que la pértiga es suficientemente fuerte y flexible para hacer lo necesario para impulsarlo hacia la victoria. El saltador con pértiga confía en la vara que tiene en sus manos, más que solo en él. Debido a eso, puede llegar más alto y más lejos que si lo hiciera por sus propios medios.

LA IDENTIFICACIÓN

Demasiados cristianos hoy están tratando de sobrevivir por sus propios medios. Tal vez tú seas uno de ellos. Corres tan rápido como puedes, saltas tan alto como puedes y trabajas tan duro como puedes, pero aun así, no llegas tan lejos como podrías si confiaras que estás unido a la cruz de Jesucristo. Si te unes al poste de su cruz, Él tiene el poder y el deseo de impulsarte a mayores alturas que jamás imaginaste llegar. Pero eso requiere fe. Requiere dependencia. Requiere una diaria identificación con Él y no contigo mismo, con el mundo, con tus amigos o con cualquier otra cosa que pongas delante de Jesús.

Sin embargo, cuando lo hagas no te arrepentirás. Es por su íntima y diaria identificación con Jesucristo y el significado de la cruz, que Pablo pudo escribir en su carta a la iglesia de Filipos: "Todo lo puedo en Cristo que me fortalece" (Fil. 4:23). Para la mayoría de los cristianos, este es solo un lindo refrán. Es una cita bonita que suena espiritual. He conocido pocos cristianos valiosos que lo toman en su sentido literal y comprenden cómo vivir totalmente identificados con Jesucristo de tal manera de experimentar la plenitud de su poder.

Pero, para Pablo, ese no era solo un lindo dicho. Pablo sabía que él estaba unido a un poste que podía impulsarlo más alto de lo que jamás podría llegar por sí mismo. De hecho, lo lanzó tan alto que terminó en el tercer cielo (ver 2 Co. 12:1-2). Esto no sucedió porque Pablo tenía mucha fe, sino más bien porque Pablo creía que Jesús tenía fe en sí mismo. Pablo dice que es Cristo en él y Cristo en ti nuestra esperanza de gloria.

Cómo actuar sobrenaturalmente: Cristo en ti

En su carta a la iglesia de Colosas, Pablo escribe: "a quienes Dios quiso dar a conocer las riquezas de la gloria de este misterio entre los gentiles; que es Cristo en vosotros, la esperanza de gloria" (Col. 1:27). El objetivo de Pablo para los creyentes que estaba ministrando y exhortando era que Cristo se manifestara en sus cuerpos mortales. Esto se debe a que cuando Jesucristo se manifiesta en la vida del creyente, este empieza a actuar de manera sobrenatural y no natural. Tiene acceso a la vida abundante que las Escrituras prometen a los que permanecen en Cristo.

¿Qué impide a Jesucristo manifestarse en tu vida? No morir diariamente a ti mismo. No crucificarte con Él de manera continua. Ese es el mayor impedimento para experimentar la plenitud del poder sobrenatural y la victoria que Dios tiene reservados para ti.

Mientras vivas para ti mismo y la cruz siga siendo un pensamiento lejano de un pasado aún más lejano, no vivirás al máximo la vida que Dios ha diseñado para ti.

Amigo, no puedes identificarte con la cruz de Jesús mediante el cumplimiento de reglas. De hecho, la cruz abolió el sistema de las reglas y lo sustituyó por una relación. No puedes lograr esta victoria o acceder a este poder mediante el cumplimiento de una lista de reglas. Se logra solo por el amor que honra y confía en la fe de Jesús en sí mismo y en lo que Él ha hecho.

Algunos dicen que la cruz sola no es suficiente. Pero eso menoscaba lo que la cruz logró. Añadir algo a la cruz —añadir las obras, la justicia propia, el deber— es desechar la plenitud de su amor por ti. Es escupir a la cruz. Sé que es una manera gráfica de ver lo que podrías estar haciendo para experimentar la vida cristiana, pero la cruz ya logró todo para ti. Añadir más cosas es rebajar lo que Jesús ya hizo. Después de decir que estaba crucificado con Cristo, Pablo siguió escribiendo: "No desecho la gracia de Dios; pues si por la ley fuese la justicia, entonces por demás murió Cristo" (Gá. 2:21). Desechar algo es cancelarlo. Cuando buscas la religión por sobre la relación con Jesucristo, cancelas la gracia de Dios en tu vida, que la cruz de Cristo logró para ti.

Dios es libre de derramar su gracia sobre ti por lo que Jesús hizo en la cruz. Tú tienes esperanza simplemente porque Cristo

LA IDENTIFICACIÓN

está en ti: "Cristo en vosotros, la esperanza de gloria" (Col. 1:27). Para que fluya el poder y la gracia de Dios, tus ojos deben estar puestos en Él. Deben estar puestos en Jesús. Deben estar en la cruz. Tu identidad debe estar cada día en su crucifixión.

La mala noticia en el cristianismo hoy, por lo que veo, es que pocos cristianos parecen conocer íntimamente a Jesús. No sienten a Jesús cerca sencillamente porque no tienen una relación viva con Él. Sí, hay un vínculo legal, pero no hay una relación de amor. Cuando tú cancelas la relación, cancelas —o desechas— el flujo del poder de Dios hacia ti.

> LA MALA NOTICIA EN EL CRISTIANISMO HOY ES QUE POCOS CRISTIANOS PARECEN CONOCER ÍNTIMAMENTE A JESÚS.

Conectados al poder

Permíteme explicarte esto con un ejemplo concreto. Digamos que tu refrigerador no está funcionando. Se te está derritiendo el helado y se te están echando a perder los alimentos. Así que te metes en Internet y buscas cómo reparar el refrigerador. Encuentras un manual de tu modelo, que te muestra todas las partes de tu refrigerador. Pasas mucho tiempo estudiando el manual. Lo lees detenidamente y tratas de poner en práctica lo que aprendiste. Atornillas una cosa y desatornillas otra; mueves esto y ajustas aquello. Sin embargo, no importa cuánto de este libro pongas en práctica, nada parece dar resultado. Y tu comida se sigue pudriendo.

Entonces aparece alguien y te hace una sugerencia: "¿Por qué no lo conectas?".

Amigo, no importa cuánto lo hayas intentado, solo habrás perdido tiempo de tu vida si no vives conectado al poder de la cruz en Jesucristo. Puedes ir a la iglesia todos los días de la semana si lo deseas. Puedes leer la Biblia de tapa a tapa. Puedes estudiarla, repetirla y predicarla a otros. De hecho, puedes tratar de poner en práctica todo el día lo que ella dice. Pero si has cancelado el flujo de la gracia de Dios en tu vida por desechar la cruz y tu relación con Jesucristo, todo lo que hagas no servirá de nada.

Dios no es libre de hacer fluir su poder a través de ti si no te identificas con su cruz. Hasta que no tomes la decisión de morir a ti mismo y vivir para Él, solo seguirás subsistiendo en vez de maximizar los planes de bendición que Dios tiene para ti.

Muchos creyentes de hoy están bloqueando lo que Dios quiere hacer en ellos y a través de ellos, porque están tratando de conseguirlo en sus propias fuerzas. Por consiguiente, cortan el cable a través del cual fluye la gracia. Dar lo mejor de ti y esforzarte cada día más no es lo que Dios quiere de ti. Él quiere tu corazón; quiere que te rindas a Él; quiere que confíes en Él, que le ames y experimentes. Él quiere una relación, y en esa relación tendrás todo lo que te pertenece; todo en virtud del sacrificio de Cristo en la cruz.

7

LA AUTORIDAD

MI LLAMADO, DESDE que tenía dieciocho años, siempre ha sido predicar. Ya sea a cargo de la predicación los domingos o miércoles en nuestra iglesia, o como invitado en otras iglesias y otras ciudades a las que viajo, puedes encontrarme predicando varias veces por semana.

Con esos viajes, como puedes imaginar, me he familiarizado bastante con American Airlines. Por eso no me sorprendió hace algún tiempo cuando recibí una carta de la aerolínea. Esa carta en particular informaba sobre las ventajas que tengo a mi disposición como un viajero frecuente de la categoría "platino". Era un folleto con los beneficios que había acumulado debido al gran número de millas de vuelo.

Al principio, dejé el folleto a un lado sobre una pila de papeles. De entrada, no me llamó la atención. Todo lo que me interesaba era saber cómo abordar el avión y llegar a mi destino. Pensé que mis conocimientos como pasajero de American Airlines eran tan buenos como los que estaban en el folleto.

Unas semanas más tarde, volví a encontrar ese folleto. Por alguna razón, esta vez decidí empezar a leerlo. Pronto descubrí una serie de beneficios que no conocía. De hecho, existen importantes oportunidades para el pasajero del nivel "platino", que no estaba usando. La aerolínea me ofrecía opciones de actualización

EL PODER DE LA CRUZ

de clase, de reserva y de acceso prioritario, entre otras cosas. Estos beneficios habían estado a mi disposición todo el tiempo, y nunca los había usado, porque no había investigado lo que mi relación con la compañía ofrecía.

Sin conocer por completo mis privilegios como pasajero platino de American Airlines, no había podido experimentar ni aprovechar al máximo los derechos legítimos que me otorgaba la aerolínea.

Del mismo modo, muchos cristianos vienen a la iglesia cada semana, inconscientes de todos los derechos y privilegios que la cruz les concede. No utilizan los beneficios que Dios ha diseñado y destinado para sus santos. Conocer la cruz sin conocer la autoridad y los beneficios de la cruz te impedirá experimentar todo lo que Dios tiene reservado para ti.

> LA CRUZ ES LA CLAVE PARA QUE DIOS INVADA LAS CIRCUNSTANCIAS DIFÍCILES O TERRENALES DE LA VIDA.

La cruz nos da la oportunidad de ver lo que Dios puede hacer más allá de la rutina de la vida diaria. La cruz es la clave para que Dios invada las circunstancias difíciles o terrenales de la vida, así como invadió la tumba de Jesucristo después de morir en la cruz y revirtió aquella situación para revelar su poder y autoridad.

Muchos cristianos cantan y hablan del poder de Dios, pero nunca pueden testificar del poder de Dios porque nunca han accedido a su poder. Nunca lo han visto revertir, cambiar o transformar situaciones más allá de su comprensión humana.

¿Alguna vez has visto una película de acción y aventura donde el héroe de la historia trata de localizar un objeto o tesoro especial? A lo largo del camino, el protagonista enfrenta mucha oposición del enemigo, que está tratando de evitar que este héroe llegue a la meta y reciba el premio.

Estas películas a menudo me recuerdan lo que Satanás intenta hacer en la vida de los creyentes. Tú y yo realmente tenemos un tesoro precioso —una posesión única— que nuestro enemigo no quiere que descubramos. Tenemos cosas a nuestra disposición que él no quiere que obtengamos. Y él usará todos los medios para impedir que descubramos el tesoro que Dios tiene para nosotros.

El tesoro de la cruz

Pablo nos da una idea de los beneficios y la autoridad que el tesoro de la cruz nos ofrece en su carta a la iglesia de Éfeso. Ahora bien, la introducción de esta carta puede que no pase un examen de gramática castellana. En Efesios 1: 3-14, Pablo escribe una frase demasiado larga en el idioma griego original. Quizás estaba tan apasionado por lo que estaba diciendo, que ni siquiera se tomó el tiempo de hacer una pausa entre frase y frase. En cambio, escribe y escribe como si no pudiera dejar de escribir.

Sin embargo, es lógico que Pablo estuviera entusiasmado con respecto a este tema, porque lo que él dice es apasionante. Nos habla de la autoridad, los beneficios y las posesiones preciadas que tenemos gracias a la cruz.

Aquí está la oración completa, ahora con las pausas insertadas en la traducción castellana:

> Bendito sea el Dios y Padre de nuestro Señor Jesucristo, que nos bendijo con toda bendición espiritual en los lugares celestiales en Cristo, según nos escogió en él antes de la fundación del mundo, para que fuésemos santos y sin mancha delante de él, en amor habiéndonos predestinado para ser adoptados hijos suyos por medio de Jesucristo, según el puro afecto de su voluntad, para alabanza de la gloria de su gracia, con la cual nos hizo aceptos en el Amado, en quien tenemos redención por su sangre, el perdón de pecados según las riquezas de su gracia, que

EL PODER DE LA CRUZ

hizo sobreabundar para con nosotros en toda sabiduría e inteligencia, dándonos a conocer el misterio de su voluntad, según su beneplácito, el cual se había propuesto en sí mismo, de reunir todas las cosas en Cristo, en la dispensación del cumplimiento de los tiempos, así las que están en los cielos, como las que están en la tierra. En él asimismo tuvimos herencia, habiendo sido predestinados conforme al propósito del que hace todas las cosas según el designio de su voluntad, a fin de que seamos para alabanza de su gloria, nosotros los que primeramente esperábamos en Cristo. En él también vosotros, habiendo oído la palabra de verdad, el evangelio de vuestra salvación, y habiendo creído en él, fuisteis sellados con el Espíritu Santo de la promesa, que es las arras de nuestra herencia hasta la redención de la posesión adquirida, para alabanza de su gloria.

Al llegar al final de su largo párrafo sin pausa, Pablo les agradece por su fe y amor el uno por el otro, además de mencionar que los tiene presentes en sus oraciones (vv. 15-17). Y después hace una importante declaración. Pide que Dios ilumine el entendimiento de aquellos a quienes está dirigiendo su carta para que sepan lo que han obtenido mediante la expiación de Cristo en la cruz: "para que sepáis cuál es la esperanza a que él os ha llamado, y cuáles las riquezas de la gloria de su herencia en los santos, y cuál la supereminente grandeza de su poder para con nosotros los que creemos, según la operación del poder de su fuerza" (vv. 18-19).

Así como yo no sabía qué beneficios había acumulado como un pasajero del nivel platino de American Airlines y, en consecuencia, no podía acceder a esos beneficios, Pablo no quería que los creyentes se quedaran sin tener acceso a la fuerza, el poder y la grandeza que Dios tiene para nosotros.

En otras palabras, Pablo estaba diciendo que Dios no quiere

LA AUTORIDAD

que vayas al cielo sin antes disfrutar de sus bondades en la tierra. Él nos ha sellado con "las arras de nuestra herencia" (v. 14) para que podamos acceder a esta ahora mismo. En griego, la palabra "arras" puede significar "pago inicial". A través de la cruz, Dios ha hecho un "pago inicial" en el cielo para que tú lo recibas aquí mientras estás en la tierra. Como creyente, irás al cielo. Sin embargo, Dios no quiere que tengas que esperar hasta llegar allí para sentir y experimentar lo que es el cielo. Hay una parcela de cielo adjudicada a ti ahora mismo.

"La supereminente grandeza"

¿No te intriga saber cuál es el pago inicial? ¿O cuál es tu parte en el testamento como las arras de tu herencia? Pablo lo resumió al final de su discurso sobre la salvación cuando dijo que implicaba "la esperanza a que él os ha llamado, y cuáles las riquezas de la gloria de su herencia en los santos, y cuál la supereminente grandeza de su poder para con nosotros los que creemos, según la operación del poder de su fuerza" (vv. 18-19).

Observa que él no escribió que Dios quiere que experimentemos su poder, sino que Dios quiere que experimentemos la "supereminente grandeza" de su poder. Él quiere que sepamos que en cuanto de Él depende, puede crear cosas de la nada para cambiar situaciones en la vida de cada uno de nosotros. Él es la única y verdadera Supereminencia. Ningún creyente debería conformarse con ser un individuo normal y corriente. Dios te ha destinado para la grandeza a través de la "supereminente grandeza" de su poder.

La "supereminente grandeza para con nosotros los que creemos" comenzó después del Calvario. Jesús fue crucificado y clavado en una cruz el viernes. El viernes fue un mal día. Fue un día vergonzoso. Fue un día de soledad. El viernes parecía ser el último día. Físicamente fue un mal día, porque Jesús recibió tantos latigazos hasta que quedó en carne viva. Emocionalmente

EL PODER DE LA CRUZ

fue un mal día, porque las Escrituras dicen que el sudor de Cristo era como grandes gotas de sangre. Espiritualmente fue un mal día, porque Jesús fue separado de Dios, el Padre. Sin embargo, el viernes no determinó dónde terminaría Jesús. Por eso Pablo continuó describiendo exactamente cómo es la "supereminente grandeza" del poder de Dios al resumir lo que le sucedió a Jesús en la cruz:

> y cuál la supereminente grandeza de su poder para con nosotros los que creemos, según la operación del poder de su fuerza, la cual operó en Cristo, resucitándole de los muertos y sentándole a su diestra en los lugares celestiales, sobre todo principado y autoridad y poder y señorío, y sobre todo nombre que se nombra, no sólo en este siglo, sino también en el venidero (Ef. 1:19-21).

Básicamente, lo que comenzó mal el viernes terminó por ser maravilloso el domingo, porque Dios revirtió los efectos del viernes al levantar a Cristo de entre los muertos y sentarlo en los lugares celestiales.

Puede que algunos de los que están leyendo estas páginas se sientan desalentados o abatidos. Puede que algunos hayan recibido un golpe emocional, físico, relacional o incluso espiritual. Te sientes destrozado; las circunstancias de tu vida han sido adversas para ti.

Pero quiero que entiendas lo que el apóstol Pablo quería que supieras: la supereminente grandeza del poder de Dios, que resucitó a Cristo de entre los muertos y convirtió la muerte en vida, también está disponible para ti. Dios cambió el libreto de Jesús y puede hacer lo mismo contigo.

¿Estás experimentando una muerte en tu vida? ¿O algo parecido a una crucifixión? ¿Has enfrentado la muerte de tus sueños, tus relaciones, tu hogar, tu carrera, tus finanzas, tu salud o de cualquier otra faceta de tu vida? El mensaje de la cruz declara que Dios tiene suficiente poder para convertir aun la peor situación en una victoria si solo confías en Él.

La doctrina de la ascensión

Con la cruz tenemos la doctrina de la muerte, pero también tenemos la doctrina de la resurrección. Sin embargo, a menudo no recurrimos ni nos beneficiamos totalmente de la doctrina de la ascensión (vista con detalle en el capítulo 4). Jesús no solo se levantó de entre los muertos; sino que también resucitó y después ascendió al cielo y se sentó a la diestra del Padre.

Aunque esto no parezca importante, sí lo es. En los tiempos del Antiguo Testamento, cuando el sacerdote entraba a la presencia de Dios, encontraba varios muebles dentro del templo, pero no había una silla. El sacerdote no se podía sentar, porque su trabajo no cesaba. Por lo tanto, no estaba previsto que se sentara. Sin embargo, cuando Jesús fue al cielo, Dios le dijo que tomara asiento y se acomodara en su nueva posición. La obra de Cristo en la tierra había culminado. Tal como dijo en la cruz: "Consumado es" (Jn. 19:30, gr. *tetélestai*).

Pero ¿qué tiene que ver contigo el hecho de que Jesús murió en la cruz, resucitó y se sentó en el cielo? Todo. El Antiguo Testamento presenta el antiguo pacto. Allí, todos miraban al futuro, a la disposición final de Dios. Todos los sacrificios, las ceremonias, los rituales y las acciones se hacían en anticipación a la entrada tangible de Dios en la historia.

En el Nuevo Testamento aparece el nuevo pacto. Todo está ligado a tu relación con la cruz. Si pierdes de vista lo que sucedió antiguamente allí, no la puedes experimentar plenamente aquí. Pierdes de vista lo que Jesús logró en la cruz y pierdes de vista tu herencia, disponible aquí y ahora.

EL PODER DE LA CRUZ

Su autoridad sobre todo

Amigo, sea cual sea la situación que estás atravesando o la persona que estás enfrentando, debes saber que ni esa situación ni esa persona tienen la última palabra. No importa cuán grandes, fuertes o agresivos sean o parezcan ser, Jesucristo está sentado muy por encima de todo. Está posicionado más alto que todo principado, autoridad, dominio y poder. Él tiene la autoridad.

Por ejemplo, el presidente de los Estados Unidos se sienta en la oficina oval de la Casa Blanca, pero lo que él decreta allí —una investigación o una declaración— puede impactarte dondequiera que estés. Incluso puede afectar a personas que viven del otro lado del mundo. Esto se debe a que el presidente está sentado en un lugar poderoso por sobre todas las demás autoridades de nuestra nación. Si un hombre en una ciudad puede afectar políticamente a una nación entera o incluso al mundo, ¿qué crees que el Rey de reyes y Señor de señores puede hacer sentado muy por encima de todo poder y autoridad?

Eso significa que sea lo que sea que tu enemigo, oposición, circunstancia o desafío te diga, se trata solo de *una* palabra, no de la *palabra final*. Tu jefe puede tener una palabra, pero no tiene la palabra final. Tu médico puede tener una palabra, pero no tiene la palabra final. Tus finanzas pueden tener una palabra, pero no tienen la palabra final. Tus emociones pueden tener *una* palabra, pero no tienen la palabra final.

Lo que la cruz logró para ti y para mí es autoridad. Ten en cuenta que autoridad significa poder, pero no solo eso. Autoridad es el derecho de usar el poder que posees. Por ejemplo, los árbitros no son los hombres más fuertes de un campo de fútbol. De hecho, son más viejos, más lentos y más pesados. Sin embargo, cuando el árbitro le levanta una tarjeta amarilla a un jugador que es mucho más grande que él, tal jugador tiene que someterse. El jugador más rápido tiene que detenerse. Esto se debe a que el árbitro tiene un poder mayor llamado autoridad. La autoridad prevalece sobre el poder.

La autoridad de Jesús sobre Satanás

Ahora bien, el diablo es más grande que tú. Es más poderoso que tú. Es más astuto que tú. Es más fuerte que tú. No puedes prevalecer sobre el diablo con tu poder, y te aconsejaría que no lo intentes. Sin embargo, cuando te identificas con Cristo —su cruz, su resurrección y su ascensión—, te identificas con la autoridad que prevalece sobre el poder de Satanás.

No obstante, lo que Satanás pretende es hacerte pensar que la cruz es algo que pertenece a los anales de la historia más que a los acontecimientos de hoy. A Satanás no le importa si le rindes homenaje a la cruz, lo que no quiere es que accedas a los beneficios y la herencia que te pertenece por medio de la cruz. De esa manera él puede seguir ejerciendo poder sobre ti e intimidarte para que no te des cuenta de que la autoridad de Cristo lo supera por completo.

Lo que Satanás hace es semejante a un hombre que te apunta con una pistola. Al principio, podrías sentir miedo y estar a merced de ese hombre. A pesar de ello, si alguien te avisara que su pistola no tiene balas, ya no tendría control sobre ti. Asimismo, en la cruz, Jesucristo "desarmó" a Satanás (Col. 2:15, NVI). Jesucristo quitó las balas del arma de Satanás. Al diablo todavía le gusta hacer el papel de tipo duro y trata de intimidar a todo el mundo con su poder; pero, en el fondo, Jesucristo lo ha despojado de su autoridad. Por consiguiente, su poder solo es tan fuerte como puede hacerte creer que lo es. En sí, su poder no es suficientemente fuerte para vencer la autoridad de Cristo.

Cuando Satanás te apunte, recuerda que lo hace con un arma descargada. Por supuesto, no te lo va a decir. Él quiere que pienses que nunca vas a vencer o que siempre serás derrotado. Quiere que pienses que puesto que tienes antecedentes familiares de depresión, siempre serás víctima de ella o de otros hábitos negativos, tales como el gasto excesivo, comer en exceso o el despilfarro financiero.

Pero lo que Jesús quiere que sepas ¡es que esa pistola no tiene balas! Jesús desarmó a Satanás en el Calvario. Satanás ya no tiene la última palabra, porque Jesucristo ahora se sienta muy por encima de todo poder y autoridad. Y tú y yo estamos sentados con Él y compartimos esa autoridad.

¿Estoy diciendo que no tendrás problemas? No. Lo que estoy diciendo es que si fijas tus ojos en Jesús, aunque tengas problemas, Él te colocará por sobre tus circunstancias y no por debajo de ellas.

Una manera de obtener esta victoria aún más rápido es alabar a Dios. No por el día malo, las circunstancias adversas o los problemas; sino porque no es la última palabra. Alábalo porque está sentado por encima de todo poder y autoridad y, en virtud de tu relación con Él, estás sentado con Él y, por lo tanto, tienes acceso a su poder y autoridad en tu vida (Ef. 2:6). Por eso leemos en Apocalipsis que los creyentes pudieron vencer a Satanás:

> Ahora ha venido la salvación, el poder, y el reino de nuestro Dios, y la autoridad de su Cristo; porque ha sido lanzado fuera el acusador de nuestros hermanos, el que los acusaba delante de nuestro Dios día y noche. *Y ellos le han vencido por medio de la sangre del Cordero* (Ap. 12:10-11).

Cuando el pasaje afirma que lo vencieron "por medio de la sangre del Cordero", está haciendo referencia a la cruz. Ellos vencieron a Satanás, porque nunca perdieron de vista que aquello que había venido para traer el infierno a sus vidas no tenía la última palabra. Nunca perdieron de vista que la cruz venció a Satanás y les dio acceso a una autoridad superior a la de él.

LA AUTORIDAD

Nuestra autoridad por medio de Él

Lo que Dios quiere que sepamos a través de estos pasajes de Colosenses, Efesios y Apocalipsis es que la cruz de Jesucristo te ha dado victoria sobre tus enemigos, incluso sobre Satanás. Debido a que Jesucristo está sentado por encima de todo poder y autoridad, nosotros también estamos sentados allí con Él. De hecho, Pablo declara exactamente eso mientras continúa su carta a la iglesia de Éfeso. En el capítulo 2 escribe: "aun estando nosotros muertos en pecados, nos dio vida juntamente con Cristo (por gracia sois salvos), y juntamente con él nos resucitó, y asimismo nos hizo sentar en los lugares celestiales con Cristo Jesús, para mostrar en los siglos venideros las abundantes riquezas de su gracia en su bondad para con nosotros en Cristo Jesús" (vv. 5-7).

No solo Jesucristo tiene un asiento en el cielo, sino tú también. Te has sentado "con Él" por encima de todo poder y autoridad. Te has reposicionado espiritualmente. Puede que estés diciendo: "Si estoy sentado allí con Jesús, Tony, ¿por qué no estoy experimentando la victoria?". La respuesta es simple; por la misma razón por la que yo no experimentaba los beneficios y privilegios que me pertenecían como un viajero platino de American Airlines hasta que aprendí cuáles eran esos beneficios y accedí a ellos. Si no sabes dónde estás sentado y qué significa exactamente eso, no accederás a la autoridad que te pertenece con tan solo pedirla.

Físicamente estás en la tierra. Sin embargo, espiritualmente estás en los lugares celestiales. Esto es como el portal de comunicación habitual de la teleconferencia. Con los años, la teleconferencia se ha vuelto sumamente sofisticada, pero aún en sus inicios nos ha proporcionado la capacidad de trascender al espacio y lugares como nunca antes. Podría estar sentado en mi oficina en Dallas y estar presente de manera absoluta y coherente en la junta directiva de una organización de Chicago a través de este medio. Esto se debe a que el método me dio la oportunidad de estar en dos lugares al mismo tiempo.

Del mismo modo, tú y yo estamos físicamente posicionados en la tierra, pero también lo estamos en los lugares celestiales. Sin embargo, a menos que te des cuenta de eso y actúes con esa mentalidad, estarás limitado a lo que te ofrece la tierra. Debes ver tu vida con ojos espirituales para tener autoridad espiritual. Si todo lo ves con tus ojos naturales, nunca verás todo lo que hay para ver. Si tus ojos están puestos en el aquí y ahora, no podrás experimentar el gobierno de Dios en la historia. Estar sentado en la tierra no te da autoridad. Solo el cielo tiene acceso a esa autoridad gracias a lo que Jesús logró en la cruz.

Cuando aprendes a funcionar en relación con la autoridad divina, todo cambia. Cambia el factor de intimidación que otros pueden tener sobre ti. Cambia tu nivel de miedo y preocupación. De hecho, cuando sé profundamente en mi espíritu que Dios me ha mostrado algo que Él va a hacer o cumplir en mi vida, el que otras personas digan que no sucederá o que no se cumplirá no me molesta. Lo que otras personas digan se vuelve irrelevante cuando tú actúas conforme a la autoridad de la cruz.

Cuando vives en la luz de la autoridad de Cristo, que Él obtuvo para ti en la cruz, eso cambia tu manera de caminar, hablar y pensar. Cambia toda tu actitud frente a la vida, porque te das cuenta de la diferencia entre poder y autoridad. Te das cuenta de que lo que parece tener control sobre tu vida no tiene poder absoluto sobre ti. Lo que parece tener una opinión en tus finanzas, tus emociones, tu salud, tu hogar u otra área de tu vida no tiene la última palabra. Amigo, antes de bajar los brazos. Alza tus ojos. Fija tu mirada en Jesús y contémplate sentado con Él en los lugares celestiales, con pleno acceso a su poder y autoridad según el poder de Dios que actúa en ti.

8

LA LIBERTAD

UN DÍA, UN HOMBRE llegó a los Estados Unidos para pasar unas vacaciones turísticas. En su país de origen, los militares habían impuesto un toque de queda, donde después de cierta hora de la noche nadie debía circular por las calles y debían permanecer en sus casas.

Sin embargo, cuando este hombre visitó los Estados Unidos, llevó consigo su antigua ley y no se percató de que allí no estaba en vigor el toque de queda. Cada día, Federico visitaba distintos lugares de esta nueva tierra solo para regresar rápidamente a su hotel antes del anochecer.

Un día, Federico se dio cuenta de que se le había hecho tarde y de que todavía estaba fuera. Entonces intentó tomar un taxi lo más rápido que pudo. Una vez dentro del taxi, le dijo al conductor: "Por favor, lléveme al hotel antes del toque de queda". El conductor no sabía de qué le estaba hablando, así que le pidió que le describiera el toque de queda. Cuando Federico le explicó qué era, el conductor se dio cuenta de que ese visitante había traído la ley de su patria a esta nueva tierra. Estaba mezclando su antigua vida con la nueva.

De modo que el taxista se tomó el tiempo de explicarle que la ley que había conocido desde niño y a la cual estaba acostumbrado no estaba en vigencia en los Estados Unidos. Ya no estaba bajo la jurisdicción de su patria. Ahora estaba en una nueva tierra, y eso significaba que era libre de quedarse fuera tan tarde como quisiera. Las restricciones de su país no estaban vigentes allí.

La razón por la que este hombre seguía siendo un esclavo en medio de la libertad era porque todavía no había aprendido a deshacerse de las cadenas de la antigua ley.

Lamentablemente, esta es una realidad similar para muchos cristianos. A pesar de que tenemos una nueva vida de libertad en Cristo, todavía no hemos aprendido a ser libres de la esclavitud de Adán. Por lo tanto, aunque puede haber conversaciones sobre libertad e incluso fuertes deseos de libertad, la presión generalizada del toque de queda de la esclavitud bajo la ley permanece firme.

Hoy día demasiados creyentes están atados con las esposas del legalismo, simplemente porque han pasado tanto tiempo en la antigua patria que no han tomado consciencia de la libertad que la cruz de Jesucristo ahora les concede.

Escapamos del legalismo a través de la cruz

Cuando una persona realmente aprende a vivir en función de la cruz y entra a lo que muchos llaman "la vida intercambiada", pasa de un antiguo régimen a una nueva libertad. Pasa del concepto, la confusión y las consecuencias del legalismo a una vida de gracia.

Si eres un legalista, nunca conocerás la libertad. Si el legalismo —actuar según las reglas en un intento de agradar a Dios y a los demás— es tu *modus operandi*, la vida cristiana será una carga sobre tus hombros. (Para una definición y una explicación más completa del legalismo, ver más adelante "Definición de legalismo"). Nunca descubrirás el gozo de una vida llena de gracia. La gracia es una dádiva que muchas personas no abren ni disfrutan. Para algunos, es demasiado buena para ser verdad.

LA LIBERTAD

Para otros, es demasiado amplia para comprender. Y, aun para otros, la gracia es una dádiva demasiado grande para sentir que tienen derecho a recibirla.

Ninguna otra persona de este lado del cielo vivió la plenitud de la gracia como el apóstol Pablo. Su vida y ministerio demuestran el poder total de la gracia como ningún otro; de modo que, para aprender sobre este tema siempre importante, recurrimos a él y a su carta a la iglesia de Galacia (Gá. 1:2). Al comienzo de la carta se concentra en las buenas nuevas de la muerte y resurrección de Jesucristo. A pesar de la máxima dádiva del sacrificio de Cristo, las personas que componen la iglesia de Galacia se han vuelto hacia otro sistema de creencias, similar al de los judaizantes. A menudo los judaizantes y Pablo no estaban de acuerdo, ya que estos trataban de hacer que los cristianos volvieran a vivir bajo la ley del Antiguo Testamento. En consecuencia, empujaban a los seguidores de Cristo a volver a un estilo de vida de esclavitud espiritual. En respuesta a esta influencia de los judaizantes, Pablo escribió la carta que ahora llamamos "Gálatas", al igual que otros pasajes de las Escrituras, para advertir sobre el peligro de volver a la ley mosaica como una norma de la vida cristiana.

> ES POSIBLE QUE CREYENTES, QUE YA SON LIBRES, VUELVAN A VIVIR COMO ESCLAVOS.

En Gálatas 2:4, Pablo llamó a estos judaizantes: "Los falsos hermanos... que entraban para espiar nuestra libertad que tenemos en Cristo Jesús, para reducirnos a esclavitud".

En este pasaje y otros, vemos claramente que es posible que creyentes, que ya son libres, vuelvan a vivir como esclavos. El hecho de que Dios nos conceda la dádiva de la gracia no significa automáticamente su usufructo. Dios nos ofrece a cada uno de nosotros, a través del sacrificio de la cruz, la posibilidad de disfrutar de su gracia, pero Él no obliga a nadie. Sin embargo, para aquellos que la aceptan y la adoptan, es el combustible para una vida ardiente.

Sobre un trapecio

Hace años, llevé a mis hijos a ver un espectáculo de trapecistas. Era la primera vez que veían maniobras arriesgadas, y observaban boquiabiertos. Yo también estaba asombrado de ver la destreza y la sincronización de los artistas del trapecio. Nos quedábamos sin aliento cada vez que parecía que iban a fallar y aplaudíamos sus éxitos.

Aquel espectáculo, como la mayoría de los espectáculos de trapecistas, tenía una red extendida debajo de ellos, por si acaso, alguien fallaba y se caía. Si llegaban a fallar, sencillamente podían saltar y regresar al trapecio o caminar hasta la escalera y subir de nuevo. Conocer esta realidad les daba poder para subir a mayor altura, arriesgarse y atreverse más y desempeñarse mejor que si no estuviera la red.

En Cristo y por medio de su cruz caminamos sobre un trapecio. El mundo entero debería vernos y decir: "Mira cómo viven, cómo se aman. Mira lo bien que los maridos tratan a sus esposas. ¿No son los mejores trabajadores del mercado laboral y las oficinas, los mejores vecinos, los mejores estudiantes?".

Eso es caminar sobre el trapecio, estar en exhibición a los que te rodean a causa de la confianza que viene de la seguridad en Cristo. ¿Qué pasa cuando nos deslizamos? La red está extendida debajo de nosotros. La sangre de nuestro Señor Jesucristo nos ha concedido el perdón de todos nuestros pecados, todos nuestros errores y todas nuestras malas decisiones. Tanto la red como la capacidad de permanecer sobre el trapecio son obras de la gracia de Dios. Por supuesto, no nos podemos quedar a dormir continuamente en la red. Si ese fuera el caso, dudo que esa persona sea trapecista. Pero la dádiva de la gracia debería afectar cómo vivimos: cómo amamos, cómo esperamos y cómo servimos a Dios con una vida rendida a Él.

Insensatos... sin la gracia de la cruz

Un trapecista sería un insensato si rechazara la red y volviera a su rutina basado solo en su propia perfección. Ante todo, porque ningún trapecista hace todo a la perfección. De la misma manera, Pablo se refiere a los creyentes en Cristo, que están tratando de vivir la vida cristiana victoriosa sin la gracia de la cruz, con esta misma palabra dura: "insensatos".

Comienza en Gálatas 1 a abordar con aplomo la situación: "Estoy maravillado de que tan pronto os hayáis alejado del que os llamó por la gracia de Cristo, para seguir un evangelio diferente. No que haya otro, sino que hay algunos que os perturban y quieren pervertir el evangelio de Cristo" (vv. 6-7).

Pablo continúa en el capítulo 3 con lo que podría ser uno de los pasajes más importantes, pero más desaprovechados, de todas las Escrituras:

¡Oh gálatas insensatos! ¿quién os fascinó para no obedecer a la verdad, a vosotros ante cuyos ojos Jesucristo fue ya presentado claramente entre vosotros como crucificado? Esto solo quiero saber de vosotros: ¿Recibisteis el Espíritu por las obras de la ley, o por el oír con fe? ¿Tan necios sois? ¿Habiendo comenzado por el Espíritu, ahora vais a acabar por la carne? ¿Tantas cosas habéis padecido en vano? si es que realmente fue en vano. Aquel, pues, que os suministra el Espíritu, y hace maravillas entre vosotros, ¿lo hace por las obras de la ley, o por el oír con fe? (vv. 3:1-5).

Aquí Pablo explica qué es el legalismo de manera interrogativa. Pregunta intencionadamente (según mi paráfrasis): "¿Cómo eres salvo? ¿Eres salvo por guardar los diez mandamientos? ¿Eres salvo por ser mejor que tu vecino? ¿Eres salvo porque lo intentas todo el tiempo? Porque si eso es lo que te hace salvo, no eres realmente salvo. Nadie es salvo por sus obras de justicia. Nadie es salvo por ser un buen hombre o una buena mujer. Nadie es salvo por cumplir la ley. Porque nadie puede hacer todo perfectamente. Ustedes son salvos por gracia".

Básicamente, Pablo quiere recordar a los creyentes de Galacia —así como a nosotros— que nadie recibe la salvación espiritual por su propio esfuerzo. Tratar de mezclar el esfuerzo humano con la gracia es similar a tratar de mezclar aceite y agua. Sencillamente, los dos no pueden fusionarse debido a la naturaleza de sus propios componentes.

Después de sacar a la luz esta realidad, Pablo hace otra pregunta y procede a explicar que si es imposible que nosotros o los cristianos de la iglesia de Galacia seamos salvos sino por gracia, ¿por qué se han vuelto tan insensatos de creer que lo que fue suficientemente bueno para recibir la salvación no lo es para mantenerla? ¿Qué nos hace pensar que el Cristo que nos hizo libres por el Espíritu ahora nos está pidiendo que volvamos a la ley para permanecer libres y vivir victoriosos? Ese es un pensamiento regresivo, en el mejor de los casos. En realidad, es legalismo.

Definición de legalismo

¿Qué es entonces el legalismo? El legalismo es ese sistema de reglas y leyes que rigen y definen tu identidad y tu vida espiritual enteramente por tu desempeño. Esto hace que cumplir las reglas sea la base de tu victoria espiritual. Esto dice: "Tú eres lo que haces".

Sin embargo, ten en cuenta qué no es el legalismo. No es la ausencia de reglas o leyes. No podríamos funcionar sin reglas, pautas y leyes. El legalismo implica una percepción tergiversada de las reglas y una actitud incorrecta hacia las reglas, lo cual les otorga a las reglas un poder que jamás deberían tener.

De hecho, el legalismo llega al extremo de dar a las reglas una autoridad mayor incluso que Dios mismo. Por ejemplo, una mirada rápida a la vida de Elías revela la autoridad de Dios sobre sus reglas. En una ocasión, Elías se encontraba desesperado, hambriento y solo en el desierto. Primera de Reyes nos muestra un cuadro de esa situación, cuando el Señor mismo habló con él y le dijo: "Apártate de aquí, y vuélvete al oriente, y escóndete en el arroyo de Querit, que está frente al Jordán. Beberás del arroyo; y yo he mandado a los cuervos que te den allí de comer" (1 R. 17: 3-4). Elías hizo lo que Dios dijo, y Dios instruyó a los cuervos que le trajeran pan y carne por la mañana y por la noche.

A primera vista, esta es una historia muy poderosa y positiva sobre la provisión de Dios para su siervo Elías. Pero un estudio más profundo de las Escrituras nos recuerda que los cuervos, bajo la Ley, eran "abominación; no se comerán" (Lv. 11:13-15). Sin embargo, Dios autoriza a Elías a comer de estas aves impuras.

No mucho después que Dios traspasara su propia ley para suplir la necesidad de Elías, Dios le envió a una viuda en Sarepta, quien le preparó una comida para que se alimentara y mostró fe en él como profeta... hasta que su hijo murió. Entonces la fe de la viuda se apagó, y Elías tuvo que ocuparse de la muerte de su hijo solo con Dios. La Biblia dice que llevó al hijo muerto al aposento alto, oró al Señor y "se tendió sobre el niño tres veces" (1 R. 17:21). El niño resucitó.

Una vez más, tenemos aquí la maravillosa historia de un portentoso milagro. Pero lo que a menudo se omite en la predicación de esta historia es la realidad de que, bajo la Ley, Elías —un profeta de Dios— sería considerado inmundo con el solo hecho de tocar un cadáver (Nm. 9:6; 19:13) y mucho más al subirlo por las escaleras y tenderse sobre él tres veces. Dios no mató a Elías por su acto de fe en favor de este muchacho; en cambio, Dios revivió al niño.

Ciertamente, no es una práctica común para Dios traspasar sus leyes o autorizarnos a hacerlo, pero estos dos sucesos tan prominentes y conocidos son solo dos de varios otros que ocurren en las Escrituras. Y son suficientes para que sepamos que el Dios al que servimos es mayor que la Ley. Eso, de ningún modo, elimina la ley. Pero lo que debería hacer es abrir tus ojos para que veas cuál debería ser tu énfasis principal, es decir, el Dios de la Ley, no la Ley de Dios.

Los problemas con el legalismo

Tener una lista de reglas para cumplir no es la manera de encontrar libertad y victoria en la vida cristiana. Eso corrompe tu motivación y, de ese modo, invalida las mismas acciones de guardar la ley. Un sistema motivado por la culpa fuerza un compromiso en ti que, en algún momento, no podrás cumplir. Lo que es peor, produce orgullo en ti por guardar la ley y, por lo tanto, limita o suprime tu gratitud al Espíritu que hace posibles todas las cosas.

El legalismo te hace poner el despertador para pasar tiempo en la Palabra mientras tu mente está en otra parte. Te pone de rodillas para orar mientras tu corazón se niega a inclinarse. Crea una farsa de actividades y acciones externas que solo son una cáscara superficial que esconde resentimiento. Lo que se desarrolla es una actitud basada en las reglas y no en la relación.

Supongamos que estuvieras casada y tu esposo hiciera una lista para verificar el estado del matrimonio. Él no solo te da esta lista, sino que espera que la lleves contigo todo el día. La lista contiene las cosas que son de tu responsabilidad, tales como lavar, cocinar, limpiar, hablar con él, ordenar y mucho más. Al cumplir cada tarea, vas tachando una a una, solo para tener que volver a hacerlo al día siguiente y al siguiente.

No he conocido a nadie que tenga una lista como esta en una relación matrimonial, pero si lo hubiera, puedo decir sinceramente que no creo que haya mucha pasión en tal matrimonio. Porque cada vez que una relación matrimonial se reduce a una lista de responsabilidades para cumplir, la pareja convierte algo que debería ser comunal y amoroso en algo de naturaleza meramente legalista y, de ese modo, se pierde el sentido del matrimonio. El matrimonio debe ser un acto de amor, no una serie de acciones obligatorias.

Cuando mides tu vida cristiana mediante una lista de responsabilidades que cumplir, también pierdes el sentido de tu relación con Dios. No porque las cosas de la lista sean malas, sino porque no responden al verdadero propósito de por qué existen. Dios conoce nuestro corazón aun mejor que nosotros mismos, y lo que produce una verdadera intimidad en nuestra vida con Él son acciones motivadas por el amor. Por medio de estas acciones, descubrimos el mayor poder de la intimidad y el cuidado de Dios. No por medio de acciones motivadas por la ley.

Servir a dos señores

En mis cuatro décadas de ministerio, el legalismo ha sido uno de los males más graves que plagan a las congregaciones y a aquellos que responden a nuestro ministerio nacional de radio y conferencias. Es un flagelo constante que todavía se padece en demasiadas congregaciones. Tal vez las personas busquen reglas para sentirse seguras, orgullosas o vindicadas; no estoy seguro. Cualquiera que sea la razón, Pablo expresa claramente en su carta a los Romanos que, cuando vivimos nuestras vidas conforme a la ley, servimos a otro señor y no a Jesucristo. Él escribe: "Porque el pecado no se enseñoreará de vosotros; pues no estáis bajo la ley, sino bajo la gracia" (Ro. 6:14).

Pablo continúa con una analogía del matrimonio en Romanos 7 para ilustrar el concepto de servir a dos señores al comparar la autoridad de la ley con la autoridad de Cristo. La ilustración es gráfica y conmovedora:

> ¿Acaso ignoráis, hermanos (pues hablo con los que conocen la ley), que la ley se enseñorea del hombre entre tanto que éste vive? Porque la mujer casada está sujeta por la ley al marido mientras éste vive; pero si el marido muere, ella queda libre de la ley del marido. Así que, si en vida del marido se uniere a otro varón, será llamada adúltera; pero si su marido muriere, es libre de esa ley, de tal manera que si se uniere a otro marido, no será adúltera. Así también vosotros, hermanos míos, habéis muerto a la ley mediante el cuerpo de Cristo, para que seáis de otro, del que resucitó de los muertos, a fin de que llevemos fruto para Dios (vv. 1-4).

Pablo usa esta situación detallada de un hombre y una mujer casados para mostrar que tratar de vivir como un cristiano bajo la ley y no bajo la gracia te convierte en un adúltero espiritual. Esto se debe a que no se puede vivir como un creyente sometido a dos señores, al igual que una mujer no puede vivir como una esposa sometida a dos señores. Sé que hemos usado el matrimonio como una analogía para entender el legalismo frente a la gracia a lo largo de este capítulo, pero es una ilustración ideal porque es la unión de pacto más cercana que tenemos en el ámbito físico y tangible. De modo que voy a usarla de nuevo. Una mujer casada con un hombre fanático de las reglas y las listas de responsabilidades para cumplir podría sentirse frustrada. Sin embargo, si después de unos años, su marido, a quien llamaremos Javier, muriera, en ese momento, según el ejemplo de Pablo, la mujer quedaría libre del lazo que le unía a Javier.

Cuando esta mujer se casa con otro hombre, a quien llamaremos David, él la adora y la inspira tanto, que ella hace cosas para David simplemente porque quiere hacerlas. Sin embargo, ella todavía trae a la nueva relación mucho de esa antigua manera de pensar que Javier había provocado en ella.

Esta mujer sigue manteniendo a Javier sentado en el sillón de su nuevo hogar. No puede soltar su pasado. Esto ocurre aunque David la ayuda a sacar sus emociones reprimidas, algo que Javier no sabía hacer.

"Te amo —le dice a David un día—, pero tienes que entender que he vivido con Javier durante tanto tiempo que todavía lo siento cerca".

No hace falta decir que a David no le entusiasma mucho esa situación. Su esposa, o bien tiene que renunciar a su viejo amor por completo, o bien permanecer con su antiguo amor del pasado. Para ser libre con su nuevo amor, ella necesita sepultar a Javier.

Muchos de nosotros en el cristianismo hemos estado casados con un Javier, fanático de las reglas. Nos hemos criado con un Javier, que hace nuestras vidas predecibles y sistemáticas. Su enfoque de las reglas de la vida cristiana a menudo hace que nuestras acciones sean meros hábitos. Cuando aparece Jesucristo y su cruz, debemos soltar a Javier. No podemos traer a un Salvador vivo a nuestro corazón, nuestra mente y nuestra alma sin sepultar las reglas de Javier. Jesús no morará donde un hombre muerto todavía es el que manda.

Las virtudes —y los límites— de la ley de Dios

Pablo no está diciendo que la ley sea mala. De hecho, en Romanos 7 dice lo contrario: "De manera que la ley a la verdad es santa, y el mandamiento santo, justo y bueno" (v. 12). La Ley es buena, pero el legalismo trae una perspectiva equivocada de la ley. Entonces, ¿por qué existe la ley? Primero te diré por qué no existe. No existe para hacerte mejor persona. En cambio, la ley existe para que sepas qué está mal en tu vida.

EL PODER DE LA CRUZ

No sabrías que mentir está mal a menos que alguien te dijera que no debes mentir. La ley es como una señal de velocidad máxima en la autopista, que dice 120 km/h. Esa es la ley. La ley no te hace conducir a 120 km/h; solo te indica cuál es la ley y queda confirmado cada vez que un policía te detiene por exceder el límite de velocidad.

La ley es como una máquina de rayos X que puede revelar lo que está sucediendo dentro de ti, que los demás o incluso tú mismo no podrías ver a simple vista. La máquina de rayos X no está diseñada para corregir lo que está dentro de ti; sino solo para mostrarte qué sucede dentro de ti. La ley en sí misma tampoco está diseñada para corregir tu naturaleza pecaminosa y los vicios que personalmente te cuesta dejar. En cambio, está diseñada para revelarte eso. Si, por casualidad, piensas que la ley existe para corregir lo que está mal en ti por medio de listas que hacen énfasis en llevar a cabo una acción, en lugar de un cambio de fondo en tu espíritu, tu mente y tu corazón, entonces te perfilas hacia un rotundo fracaso. La ley, como una máquina de rayos X, no está destinada a corregir lo que está mal, sino a revelarlo. Esa es obra del Espíritu Santo.

Pablo habla bastante de la ley, la gracia y el Espíritu. Pero un párrafo en particular hace otra aclaración —y para nosotros la última— sobre este tema tan importante del legalismo. Pablo escribe: "No que seamos competentes por nosotros mismos para pensar algo como de nosotros mismos, sino que nuestra competencia proviene de Dios, el cual asimismo nos hizo ministros competentes de un nuevo pacto, no de la letra, sino del espíritu; porque la letra mata, mas el espíritu vivifica" (2 Co. 3: 5-6). Una vez más, Pablo señala la diferencia entre el Espíritu y la ley. Básicamente dice que la ley mata, pero el Espíritu da vida.

Amigo, la ley está ahí para revelar las áreas de tu vida que no están a la altura de las normas de Dios. Pero la obra del Espíritu Santo dentro de ti, a través de una relación permanente con

Jesucristo a causa de su muerte en la cruz, te motivará y te permitirá vivir una vida que agrada al Señor. A través de la cruz, el Espíritu también te dará una abundancia de bondad personal, satisfacción, paz y todo lo bueno.

La cruz fue la manera que Dios tuvo para introducir en nuestra naturaleza de pecado la solución a la ley: la obra continua del Espíritu Santo en cada uno de nosotros.

PARTE 3

EL PODER DE LA CRUZ

9

LA ESTABILIDAD

Hace varios años, mi hijo Anthony Jr. tuvo la oportunidad de participar del programa *The Voice*, de la cadena de televisión NBC. A través de esa experiencia, pudo dar testimonio público de Jesucristo y testificar a quienes le rodeaban. Ganó la audición, con la elección de Christina Aguilera y posteriormente fue a Universal Studios, California, para competir en la primera "ronda de eliminación" contra otro ganador de la audición. Sus dos hermanas, su mamá y yo estábamos entre la audiencia junto a otras setecientas personas, mientras que millones de telespectadores escuchaban a los cantantes.

Mientras veíamos cómo Christina luchaba para decidir a quién elegir, susurré una sencilla oración: "Señor, hágase tu voluntad". Huelga decir que me decepcioné cuando no eligieron a Anthony; pero al mismo tiempo estaba orgulloso de él por su actuación y el gran carácter que demostró cuando anunciaron la decisión. Estaba emocionado de participar de ese espectáculo y de ver a Anthony actuar a tan alto nivel.

Para la ronda de audición anterior, a todos los concursantes se les asignó la interpretación de una canción. El tema elegido para Anthony fue "What's Going On" [¿Qué está pasando?] de Marvin Gaye.

Hace muchos años, Marvin Gaye escribió la letra de esa

canción, que resume algunas de las realidades negativas del mundo con una pregunta: "¿Qué está pasando?". La letra llama la atención a que algo está mal y está causando estragos en muchas dimensiones de la sociedad.

A menudo los miembros de nuestra iglesia me plantean la misma pregunta. Se acercan a mí, cada uno con su propia carga y me preguntan: "Pastor, ¿qué está pasando? ¿Qué está sucediendo?". Al examinar el panorama de la sociedad estadounidense en la que vivimos, no pasa un día sin que haya evidencias de más calamidad, más caos, más confusión e incluso más incertidumbre.

Esta incertidumbre no ocurre solo en nuestra sociedad en general. Hay un sinnúmero de personas en el resto del mundo que, al examinar su propia vida personal y sus luchas, se preguntan: "¿Qué me está pasando? ¿Qué está sucediendo en mi vida?".

En Hebreos 12, el autor escribe a cristianos judíos que se estaban haciendo la misma pregunta. El general romano Tito y su ejército estaban a punto de sitiar Jerusalén. El templo estaba por ser destruido y se podían vislumbrar oscuras nubes de desesperación en el horizonte. Más adelante leemos incluso que algunos fueron encarcelados (13:3) y a otros que se les confiscaron sus propiedades.

Como puedes imaginar, en medio de tal dolor, confusión e incertidumbre, surge la pregunta: ¿Cómo debe una persona responder al caos que se vive a su alrededor? En este contexto, los cristianos se estaban cuestionando su fe y sus creencias, y se preguntaban dónde estaba el poder, la estabilidad y la autoridad que querían experimentar.

Para ser sincero, la cultura del presente siglo no difiere mucho de la existente cuando se escribió Hebreos. Los acontecimientos siguen estremeciendo a la gente. A principios de este siglo, el terrorismo asomó su horrible rostro y cambió nuestra manera de vivir, de vernos y de ver el mundo. La gran recesión de

LA ESTABILIDAD

2007 a 2009 afectó a todos los estadounidenses de alguna u otra manera; pero para algunos el efecto fue devastador. Algunos han perdido los ahorros de su jubilación y la seguridad de su futuro. La oportunidad de encontrar un empleo con una remuneración decente, o la vida que una vez conocimos ha eludido a muchos más desde entonces.

Ahora, en la segunda década de este siglo, la vida familiar parece un caos. Recientemente, la Corte Suprema de los Estados Unidos ha legalizado los matrimonios entre personas del mismo sexo, que incluso cuentan con el respaldo de la institución más eminente de nuestra tierra. El divorcio continúa destruyendo el presente y el futuro de las personas. Además, el trauma psicológico ha llegado a su punto más álgido. Cada vez se prescriben más antidepresivos, fármacos contra la ansiedad y estabilizadores del ánimo para tratar a personas que no pueden hacer frente a las realidades de la vida moderna. Han pasado tantas cosas en los últimos años que han empujado a nuestra nación al precipicio de la incertidumbre.

En resumen, hemos sido sacudidos.

En medio de condiciones similares, el autor de Hebreos ofrece una palabra sobre la vida después de la cruz. Lo hace mediante un claro contraste entre el monte Sinaí y el monte de Sion. En el monte Sinaí, Dios habló a Israel en el Antiguo Testamento. Sin embargo, en el monte de Sion nos presenta el nuevo pacto, que nos ha sido dado por medio de la sangre de Jesucristo derramada en la cruz. Hoy nos encontramos bajo los principios y las verdades del monte de Sion. Es precisamente a causa de la cruz de Jesucristo que ya no vivimos a la luz del monte Sinaí.

El escritor de Hebreos nos recuerda cómo era la vida bajo el monte Sinaí cuando escribió:

> Porque no os habéis acercado al monte que se podía palpar, y que ardía en fuego, a la oscuridad, a las tinieblas y

a la tempestad, al sonido de la trompeta, y a la voz que hablaba, la cual los que la oyeron rogaron que no se les hablase más, porque no podían soportar lo que se ordenaba: Si aun una bestia tocare el monte, será apedreada, o pasada con dardo; y tan terrible era lo que se veía, que Moisés dijo: Estoy espantado y temblando (He. 12:18-21).

Para entender cabalmente y maximizar el poder y la estabilidad de la cruz, necesitamos recordar cómo era la vida antes del sacrificio voluntario de Cristo. Cuando Dios descendió al Sinaí y habló antes de dar los diez mandamientos, fue un espectáculo para la vista cuando el monte comenzó a humear y a temblar. La presencia de Dios hizo temblar todo el monte a tal grado que el pueblo huyó, no quiso escuchar y hasta el mismo Moisés tembló.

> La santidad y la perfección de Dios son imponentes. Sin embargo, en la cruz, Jesucristo se ofreció como [nuestro] mediador.

La santidad y la perfección de Dios son tan imponentes que aun estar cerca de Él nos hace temblar. Sin embargo, en la cruz, Jesucristo nos dio acceso al Dios del universo. En la cruz, Jesucristo se ofreció como el mediador entre Dios y el hombre. Fue allí donde Él inició el nuevo pacto.

El autor de Hebreos sigue escribiendo y nos habla de este acceso y mediación. Y aprendemos que el monte Sinaí no es nuestro monte; sino el monte de Sion. Leemos:

> sino que os habéis acercado al monte de Sion, a la ciudad del Dios vivo, Jerusalén la celestial, a la compañía de muchos millares de ángeles, a la congregación de los primogénitos que están inscritos en los cielos, a Dios el Juez de todos, a los espíritus de los justos hechos perfectos, a

LA ESTABILIDAD

Jesús el Mediador del nuevo pacto, y a la sangre rociada que habla mejor que la de Abel (vv. 22-24).

Este pasaje dice que has sido trasladado a una nueva ciudad y que estás viviendo en un nuevo reino. Ya no vives en el monte Sinaí donde hay temblor e inseguridad. Ese ya no es tu hogar como un creyente en Jesucristo gracias a lo que Él hizo en la cruz. La sangre de Jesucristo ha establecido un nuevo pacto en el cual Jesús actúa como mediador entre tú y Dios. Por medio de la sangre expiatoria de Cristo, Dios ha establecido un nuevo acuerdo mediante el cual Él se ha comprometido contigo en un nuevo pacto.

Ten presente que este nuevo pacto está basado en "la sangre rociada que habla mejor que la de Abel" (12:24). Recuerda que Caín derramó la sangre de Abel y, en consecuencia, la sangre de Abel clamó desde la tierra y exigió justicia (Gn. 4:10). Al oír el clamor de justicia, Dios respondió. Esto se debe a que la sangre emitió juicio.

Pero el escritor de Hebreos declara que la sangre derramada en la cruz medió un trato totalmente distinto con Dios. La sangre de Cristo en el nuevo pacto estableció misericordia y compromiso.

Por tanto, cuando las cosas en tu vida parezcan inciertas, inestables o inseguras, necesitas ver a Dios y su relación contigo a través de la lente de este nuevo acuerdo —la cruz— o verás todo mal.

Cuando la vida es inestable

En la sección final de Hebreos 12 tenemos una idea de cómo debemos ver a Dios cuando nuestra vida empieza a conmoverse y ser inestable:

Mirad que no desechéis al que habla. Porque si no escaparon aquellos que desecharon al que los amonestaba en la tierra, mucho menos nosotros, si desecháremos al que amonesta desde los cielos. La voz del cual *conmovió* entonces la tierra, pero ahora ha prometido, diciendo: Aún una vez, y *conmoveré* no solamente la tierra, sino también el cielo. Y esta frase: Aún una vez, indica la remoción de las cosas *movibles*, como cosas hechas, para que queden las *inconmovibles* (vv. 25-27).

Si hoy estás pasando por dificultades, por favor observa que en este pasaje el autor utiliza repetidamente la palabra "conmover" o un derivado de esta. Si el mundo ha sido conmovido o tu vida personal, tus emociones, tus finanzas, tu carrera o cualquier otra cosa se han conmovido, no eres el único. Si te cuesta dormir tranquilamente por la noche, es porque tu vida ha sido conmovida. Si no te puedes concentrar como solías hacerlo, es porque tu vida ha sido conmovida. Si te resulta difícil encontrar felicidad en las cosas que solían hacerte feliz, es porque tu vida ha sido conmovida. En tiempos como estos puedes sentir miedo, enojo, inestabilidad e inseguridad.

Cuando algo de eso sucede, como creyente en Jesucristo quiero que recuerdes que tú eres parte del nuevo pacto. Perteneces a un grupo de personas unidas de manera única a la cruz de Cristo y a todo lo que eso implica. Como resultado, Dios tiene un objetivo final diferente para la "conmoción" que experimentas en la vida. A causa de la cruz, ahora puedes escuchar y acercarte más a Él.

El objetivo de Dios no es simplemente anunciar su presencia y luego producir temor, respeto y temblor a tal grado que le ruegues que se vaya porque no lo puedes soportar. Más bien es para anunciar su presencia con el fin de que te acerques a Él. Dios tiene algo que no solo quiere decirte, sino también hacer en ti. Recuerda que leímos: "Mirad que no desechéis al que habla" (He. 12:25).

Dios está hablando y tiene algo muy importante que decir.

LA ESTABILIDAD

Cuando yo era niño y se desataba una fuerte tormenta eléctrica, mi abuela siempre nos hacía apagar la televisión o la radio porque, como ella decía, "Dios está hablando". Así que los niños nos sentábamos allí en silencio mientras "Dios hablaba". En realidad, eran solo truenos, pero el principio es válido para cuando las cosas se empiezan a sacudir en tu vida. Dios está hablando y quiere que escuches.

Hoy día, cuando hay mal tiempo o un pronóstico de malas condiciones climáticas, encendemos la radio o visitamos algún sitio web para conocer el último informe de las condiciones meteorológicas. Por lo general, en esos momentos prestamos toda nuestra atención al reportero del tiempo. Nos sintonizamos porque las cosas están empezando a ser inestables.

Amigo, cuando Dios permite o incluso hace que las cosas se conmuevan al nivel nacional, local o incluso personal, no "[deseches] al que habla". Dios está hablando. De hecho, cuanto más inestables sean las cosas, más fuerte habla Él.

Situaciones dolorosas

Tengo cuatro hijos y, en el momento de escribir estas líneas, doce nietos. Después de haber experimentado el nacimiento de, por lo menos, dieciséis bebés a través de los años, puedo decir sin dudarlo que el trabajo de parto de una madre es una experiencia intensa, dolorosa y conmovedora. La angustia se manifiesta porque el bebé está hablando. Ahora bien, el bebé está hablando indirectamente, por supuesto, sin embargo, está enviando un mensaje. ¿El mensaje? "¡Quiero salir!". Cuando el bebé comienza a dar ese mensaje desde el vientre, todo el mundo escucha.

Es un poderoso mensaje de separación. Es inminente la separación de la madre y el bebé. Ese proceso de separación duele. De hecho, a medida que el dolor se intensifica, más cerca está la madre de la separación y el cambio.

Ten en cuenta que la separación es una buena noticia en

medio de una mala situación. Lo malo es que es dolorosa. Duele. No podemos negar que duele. Pero la buena noticia es que hay una nueva vida a punto de darse a conocer. Es hora de manifestar un cambio saludable.

A todo lo largo de las Escrituras, cada vez que Dios estaba a punto de hacer algo especial y maravilloso se producía una situación dolorosa. Dios permitía o provocaba angustia o dolor físico para dar lugar a la nueva situación. Con frecuencia, cuando Dios está a punto de hacer algo nuevo en nuestra vida, Él sabe que no estamos preparados para eso. Estamos tan ocupados en nuestras cosas, tan atados a nuestro pasado o tan apegados a una forma de pensar equivocada, que Dios debe provocar un cambio en nosotros para que pueda ocurrir lo nuevo. Debido a que no estamos listos, Él debe prepararnos. Debe separarnos de aquello de lo cual dependemos para que no solo pongamos nuestros ojos en Él, sino que también podamos verlo.

Un ejemplo clásico es cuando los israelitas parecían estar acorralados frente al Mar Rojo. Dios los bloqueó y no había salida. Tenían al Faraón de un lado y al Mar Rojo del otro, de tal modo que se encontraban en una situación incierta. Todo lo que podían ver, miraran donde miraran, era muerte.

> DIOS QUIERE SEPARARTE DE COSAS, PENSAMIENTOS O PERSONAS DE ESTE ORDEN MUNDIAL PARA PODER REVELARTE COSAS ETERNAS.

Los israelitas nunca habrían visto el milagro de Dios si no hubieran estado en una situación de semejante gravedad que solo los salvara un milagro. Dios tuvo que forzar la situación de los israelitas de tal modo de crear y permitir tal turbulencia en sus vidas que pudiera dar a luz lo siguiente que Él quería revelarles acerca de sí mismo.

Al sacudir las cosas o permitir que ocurran situaciones dolo-

LA ESTABILIDAD

rosas en nuestra vida, básicamente Dios está destronando un reino —el temporal— para mostrarnos otro reino: el eterno. Él tiene que sacudirnos para apartarnos de posesiones, creencias o incluso personas de las que dependemos demasiado para poder llevarnos al lugar donde Él quiere que estemos.

Dios hace esto por medio de la interrupción, la separación y la desestabilización en nuestra vida. Esto, a su vez, está destinado a alejarnos de nuestra lealtad a esta tierra —y la vida de esta tierra— para que podamos ser testigos del movimiento de los cielos y del nuevo pacto que Dios establece con nosotros a través de la cruz.

Cuando Dios permite o produce una interrupción en tu vida, es porque está hablando. Está diciendo algo en particular acerca de su nuevo pacto contigo. Está diciendo que quiere separarte de cosas, pensamientos o personas de este orden mundial para poder revelarte cosas eternas. Mientras seas demasiado dependiente de otra cosa que no sea Dios y de su relación contigo, no lo escucharás. Eso significa que Él debe seguir aumentando la temperatura del fuego en tu vida.

Solo sientes que te quemas cuando Él te revela que estás apegado a las cosas de valor temporal, más que a las de valor eterno. Si estás en la tierra durante un terremoto, sentirás el temblor de la tierra. Sin embargo, si estás en un avión que vuela sobre el terremoto, no sentirás sus efectos. Eso se debe a que ya no estás apegado a lo que está temblando. Desde arriba se puede ver el terremoto por lo que es, un suceso pasajero y temporal. Por medio de la cruz, Dios quiere que fluyan a ti y por medio de ti las bendiciones del nuevo pacto; pero para hacerlo debe separarte de lo que es incompatible con este pacto y la relación que Él desea tener contigo.

¿Cómo podemos estar en un avión cuando llega el temblor y nuestra vida se sacude? Básicamente, Dios quiere eliminar de nuestra vida todo aquello que no ayuda a su relación y sus propósitos con nosotros. Él quitará todo lo que puede ser movido de nuestra vida y dejará nuestro fundamento firme y sólido: nuestra relación con Él a través de la cruz de Cristo. Solo nuestra relación con Él se mantendrá firme. Leímos esto antes: "Aún una vez, indica la remoción de las cosas movibles, como cosas hechas, para que queden las inconmovibles" (He. 12:27).

La frase "aún una vez" hace referencia al libro de Hageo, donde el profeta se refirió a la declaración de Dios de que Él haría temblar a las naciones para restaurar su gloria en su templo. Leemos: "Porque así dice Jehová de los ejércitos: De aquí a poco yo haré temblar los cielos y la tierra, el mar y la tierra seca; y haré temblar a todas las naciones, y vendrá el Deseado de todas las naciones; y llenaré de gloria esta casa, ha dicho Jehová de los ejércitos" (Hageo 2:6-7).

Dios le había dicho a Hageo que haría temblar a todas las naciones para revertir las cosas. Una manera fácil de comprender esto es compararlo con la alcancía de un niño. La alcancía del niño tendrá que sacudirse y agitarse con el fin de sacar los objetos de valor que contiene. Dios dijo que haría temblar a las naciones para transferir las cosas de un reino y entregarlas a otro: su propio reino.

Un reino inconmovible

Lo que la sangre de Cristo hizo en la cruz fue mediar un nuevo acuerdo —un nuevo reino— que Dios tiene con cada creyente, así como con su Iglesia. Ese nuevo acuerdo se llama el nuevo pacto. Sin embargo, para que este nuevo pacto se manifieste en tu vida, Dios primero debe desprenderte de las obstrucciones ilegítimas de las arterias de tu espíritu. Tiene que eliminar tu apego y dependencia de lo que no es Él, porque eso se interpone en el camino de tu relación con Él.

Algunos de los mejores recuerdos de mi vida proceden de una crisis donde el cielo tuvo que intervenir, porque la tierra no

LA ESTABILIDAD

tenía la solución. Cuando digo "tierra", me refiero al programa, pensamientos y procesos de este mundo. En esos momentos aprendí por experiencia propia que todo aquello de lo que había dependido anteriormente, aunque fuera de mí mismo, podía ser sacudido. Sin embargo, lo único que siempre permaneció inconmovible y que, finalmente, pudo intervenir y resolver la situación —o si no se resolvió, pudo darme estabilidad en medio de la situación— fue Dios. En el libro de Hebreos leemos que Dios conmueve las cosas para remover lo que puede ser sacudido, porque lo que Él ofrece a través de la cruz es inconmovible, seguro, fuerte y estable.

De modo que Hebreos concluye: "Así que, recibiendo nosotros *un reino inconmovible*, tengamos gratitud, y mediante ella sirvamos a Dios agradándole con temor y reverencia; porque nuestro Dios es fuego consumidor" (12:28-29).

Para cada creyente, la cruz de Jesucristo transforma lo que puede ser conmovido en un reino inconmovible. Tú has recibido entrada a un reino que no puede ser conmovido. Amigo, si solo miras el informe del mercado bursátil, tu cuenta bancaria, tu empleo, tus compañeros de trabajo, los miembros de tu familia, tu salud, tus relaciones o lo que tus ojos ven, vas a ser conmovido.

Sin embargo, si fijas tus ojos en la estabilidad de la cruz de Jesucristo, no serás conmovido. Esto se debe a que estás tratando con un rey diferente, una autoridad diferente que la del mundo. Cuando sientas que tu vida se está cayendo a pedazos, asegúrate de escuchar a Dios en ese momento, porque te está hablando. Está tratando de liberarte de todo aquello que no puede ofrecerte paz, sabiduría o estabilidad a largo plazo. Cuando todo se derrumba a tu alrededor, si pones tus ojos en Jesucristo y la promesa del nuevo pacto que Él te ha dado a través de la cruz, tu vida permanecerá firme.

El cordón de grana

Uno de mis relatos favoritos de la Biblia es el que ocurrió en los muros de Jericó. No fue lo que sucedió cuando Josué y su ejército marcharon alrededor de Jericó y se cayeron los muros, sino lo que sucedió con una sección de esos muros, una parte que quedó en pie.

Mientras todo temblaba y se derrumbaba en Jericó y a su alrededor en ese día, la casa donde vivía una mujer llamada Rahab permaneció intacta. La casa de Rahab estaba ubicada en la parte exterior del muro de Jericó (Jos. 2:15). Anteriormente, cuando recibió a los espías en su casa y los escondió, se alió con los israelitas y su relación de pacto con Dios. Por consiguiente, cuando Jericó, el reino del cual ella era parte geográficamente, se derrumbó, su casa y los miembros de su familia que estaban en ella se salvaron (6:22-23). Eso se debió a que ella decidió aliarse con otro Rey de un reino inconmovible y colocarse bajo la protección y el pacto de Dios.

Los muros de Jericó cayeron, a excepción de una parte donde una prostituta llamada Rahab colocó un cordón de grana atado a su ventana para mostrar su adhesión al único Dios verdadero.

En la cruz, la vida de Jesús se convirtió en nuestro cordón escarlata, pues nos colocó a cada uno de los que hemos puesto nuestra fe en Él bajo la protección del nuevo pacto. Aunque las cosas que te rodean pueden ser inestables, al fijar tus ojos en Jesús, recordarás la promesa de su pacto y que perteneces a un reino inconmovible.

Nuestro fundamento y estabilidad en la vida

En esta vida habrá pruebas. A menudo Dios usará las pruebas para mostrarte lo que puede ser conmovido para que también lo quites de tu vida. Él es un Dios celoso y, como vimos antes, "nuestro Dios es un fuego consumidor" (He. 12:29).

Recuerda que el propósito del sacrificio (consumido por el fuego) en tiempos del Antiguo Testamento era emitir juicio y llevar a cabo una purificación entre Dios y el hombre. Lo que

LA ESTABILIDAD

Cristo hizo en la cruz fue actuar en nuestro nombre ante Dios como "fuego consumidor". Él es nuestro fundamento y la estabilidad de nuestra vida.

Por lo tanto, cuando las cosas empiezan a calentarse en tu vida, no es porque Dios está trayendo juicio sobre ti. No está tratando de ahuyentarte. Sí, te podría estar disciplinando, porque Dios disciplina a los que ama. También podría estar tratando de separarte de aquello a lo que no debes estar tan apegado o de lo que no debes depender tanto. Pero debes saber que no te está juzgando para castigarte. Cristo recibió nuestro castigo en la cruz.

Dios tiene un objetivo en mente para las pruebas y el dolor que permite en nuestra vida, y ese objetivo es llevarnos a tener una experiencia diaria con su reino inconmovible.

Cuando te levantas por la mañana y necesitas vestirte bien para ir al trabajo o a la iglesia, a menudo planchas tu ropa antes de ponértela, porque no quieres que la ropa arrugada dé una mala imagen de ti a quienes te rodean. De modo que conectas la plancha y dejas que se caliente y después la mueves lentamente hacia un lado y el otro sobre las arrugas de tu prenda de vestir.

Tu ropa siente el calor, la presión y el escozor del hierro. No estás poniendo el hierro caliente sobre tu ropa porque deseas quemarla. Simplemente, estás tratando de perfeccionarla y devolverle el aspecto deseado para que quede lo mejor posible.

Como fuego consumidor, Dios permitirá que el fuego en tu vida te separe de aquello que no le trae gloria; porque Él ha decidido usarte como un reflejo de sí mismo a otros, que es nuestra mejor manera de servir a nuestro Creador. Dios quiere que le glorifiques a través de tu vida. Él anhela bendecirte, pero quiere asegurarse de que eres capaz de recibir esa bendición en fe.

La cruz te ha dado un nuevo pacto, en el que Dios te coloca en un reino que no se conmueve a pesar de que todo sea inestable a tu alrededor. Por lo tanto, en medio de los problemas que te preocupan, tan malos como sean —aunque sean tan fuertes como los dolores de parto— confía en Él. Escucha lo que te dice. Pon tus ojos en Él. Dale la honra. Responde a Él. Ten fe en Él. Él no está tratando de hacerte daño. Él solo está tratando de revelarte las cosas en tu vida que no son de valor eterno. Muchas veces esas cosas tampoco tienen gran valor temporal.

La cruz es tu consuelo. Es tu recordatorio de que lo que estás experimentando no es juicio. De hecho, es justo lo contrario. Las pruebas de tu vida te revelan el tesoro del nuevo pacto y la estabilidad y permanencia que viene de estar sometido a Dios. Están destinados a hacerte libre o a que sueltes aquello que puede ser conmovido para crecer y ampliar tu experiencia de aquello que no puede ser conmovido: Dios y su reino.

10

LA LIBERACIÓN

PARA UNA MUJER EMBARAZADA, el nacimiento del hijo significa la liberación de los dolores de parto. Para un excursionista que cae en un barranco profundo sin salida, liberación significa una cuerda, una cesta y un helicóptero que sobrevuela el lugar. Para un agricultor y su esposa que están frente a un tornado tortuoso típico de la región central de este país, liberación significa las puertas del sótano que conducen a un refugio subterráneo.

La mayoría de nosotros necesitamos ser librados de algo en algún momento. Es raro el ser humano que no enfrenta ninguna dificultad, ningún reto y ninguna debilidad en su vida. Tal vez no sea una situación drástica de vida o muerte; pero siempre necesitamos ser librados o salvados de algo. Podría implicar ser libre de una atadura externa. Otras veces será la sanidad de una actitud o adicción que te tiene atado.

En Romanos 5, Pablo explica el poder liberador de la cruz cuando escribe: "Porque Cristo, cuando aún éramos débiles, a su tiempo murió por los impíos. Ciertamente, apenas morirá alguno por un justo; con todo, pudiera ser que alguno osara morir por el bueno. Mas Dios muestra su amor para con nosotros, en que siendo aún pecadores, Cristo murió por nosotros" (vv. 6-8).

En otras palabras, cuando no había nada bueno en nosotros,

Cristo murió por nosotros para demostrar su amor. Cuando éramos sus enemigos, Él nos redimió. Cuando estábamos en rebelión contra Él, nos atrajo hacia Él. Cuando estábamos descarriados y no queríamos saber nada de Él, nos buscó y nos hizo volver al camino. Aun conociendo lo peor de nosotros, nos dio lo mejor de Él.

Muchos hablan de amor, pero Dios lo demostró. Sin embargo, no solo lo demostró, sino que añadió algo más: liberación. Los siguientes versículos de Romanos 5 nos dan una vislumbre del poder liberador de la cruz:

> Pues mucho más, estando ya justificados en su sangre, por él seremos salvos de la ira. Porque si siendo enemigos, fuimos reconciliados con Dios por la muerte de su Hijo, mucho más, estando reconciliados, seremos salvos por su vida. Y no sólo esto, sino que también nos gloriamos en Dios por el Señor nuestro Jesucristo, por quien hemos recibido ahora la reconciliación (vv. 9-11).

En este pasaje descubrimos que aquellos que han sido justificados por la sangre de Cristo, al creer en Él como su Salvador personal por medio de la fe en Cristo para el perdón de sus pecados, reciben algo más. Como dice este pasaje: "mucho más".

Pero ¿qué es este "mucho más"?

Librados del infierno y de la ira

Con el fin de descubrir qué es este "mucho más", tenemos que echar un vistazo a la palabra "salvos" del versículo 9. Esta palabra significa, literalmente, ser rescatado o librado. Cuando una persona dice: "Soy salvo", está diciendo que ha sido librada o rescatada de algo. Cuando una persona acepta a Jesucristo y cree que Él cargó con sus pecados, él o ella es salvo de la separación eterna de Dios, lo que la Biblia llama el infierno. Pero lo que Pablo refiere en este pasaje como "mucho más" no tiene que ver con la salvación del infierno. Más bien, Pablo está diciendo que, además de nuestra salvación del infierno, también hemos sido salvos de la ira de Dios a través de la muerte de Jesús.

Entonces, ¿qué significa la ira de Dios y cómo es? Para comprender perfectamente el significado de este versículo, tenemos que profundizar y hacer un minucioso estudio de la teología. En las Escrituras, a menudo se habla de la teología en dos términos distintos. Existe el término "teología sistemática" y también el término "teología bíblica".

Los estudiantes de teología sistemática toman una verdad bíblica, estudian todo lo que la Biblia dice acerca de esa verdad y luego organizan esos principios en un sistema. Por eso se llama teología sistemática. El problema es que no puedes ir a una sección de la Biblia que habla sobre un tema y encontrar todo lo referido a ese tema. Tienes que buscar diferentes pasajes, descubrir lo que dice en su contexto y luego unirlo todo. Tienes que sistematizar u organizar los pasajes para poder entender todo lo referido a ese tema.

Por ejemplo, si quisieras estudiar acerca de la santidad de Dios, no puedes estudiar solo un versículo, un capítulo o un libro. Tienes que leer cada pasaje que habla de la santidad de Dios y compararlos unos con otros para comprender perfectamente la santidad de Dios.

Pero también hay un segundo método teológico para el estudio de las Escrituras, llamado teología bíblica. Mientras que la teología sistemática abarca todo lo que la Biblia dice sobre cualquier tema dado, la teología bíblica se limita a lo que un autor en particular dice sobre ese tema. En otras palabras, la teología bíblica solo examina lo que se está explicando en ese contexto en particular o en ese libro en particular por esa persona en particular. No se ocupa de escudriñar toda la Biblia para determinar todo lo que dice sobre el tema.

Por esta razón, la teología bíblica suele servir como un requisito previo para la teología sistemática. Primero necesitas entender perfectamente el contexto, libro y autor pertenecientes a un tema en particular, para luego llevar ese conocimiento a otras secciones de las Escrituras que hablan sobre el mismo tema, a medida que profundizas más en el desarrollo de un método sistemático del mismo.

Por ejemplo, cuando quieres entender un término en particular en la teología bíblica, primero buscas dónde y cómo el autor utilizó ese término anteriormente dentro de un mismo libro. Y luego estudias todas las maneras en que el autor hizo uso de ese término en ese libro. Si el autor no te autoriza a cambiar el significado de ese término, conservarás el mismo significado que él le dio la primera vez que lo mencionó.

Ten en cuenta que todo debe estar contenido en un libro en particular. No se puede buscar un término utilizado en Romanos y luego saltar a Apocalipsis y ver cómo se usa allí para comprender lo que significa en Romanos, no es así según la teología bíblica. Más bien, debes estudiar el libro de Romanos para entender lo que significa ese término dentro del libro de Romanos.

De modo que la pregunta que he planteado antes: "¿Qué es la ira de Dios?", puede responderse primero mediante el método de la teología bíblica aplicado a ese término. ¿Está hablando Pablo del infierno o de otra cosa con esa frase? Si volvemos a Romanos 1, donde Pablo menciona la ira por primera vez, podemos discernir que está hablando de otra cosa. Vamos a hacer una rápida revisión para que puedas comprender esto por ti mismo: "Porque la ira de Dios se revela desde el cielo contra toda impiedad e injusticia de los hombres que detienen con injusticia la verdad; porque lo que de Dios se conoce les es manifiesto, pues Dios se lo manifestó (1:18-19).

Pablo dice a los lectores que la ira de Dios se revela desde el cielo. Luego nos muestra claramente cómo se ve la manifestación

LA LIBERACIÓN

de esa ira en el resto de ese capítulo. Tómate tu tiempo para leer los versículos 20-32 en su totalidad, porque la interpretación exacta de esta frase "la ira de Dios" es fundamental para entender el poder liberador de la cruz:

Porque las cosas invisibles de él, su eterno poder y deidad, se hacen claramente visibles desde la creación del mundo, siendo entendidas por medio de las cosas hechas, de modo que no tienen excusa. Pues habiendo conocido a Dios, no le glorificaron como a Dios, ni le dieron gracias, sino que se envanecieron en sus razonamientos, y su necio corazón fue entenebrecido. Profesando ser sabios, se hicieron necios, y cambiaron la gloria del Dios incorruptible en semejanza de imagen de hombre corruptible, de aves, de cuadrúpedos y de reptiles. Por lo cual también Dios los entregó a la inmundicia, en las concupiscencias de sus corazones, de modo que deshonraron entre sí sus propios cuerpos, ya que cambiaron la verdad de Dios por la mentira, honrando y dando culto a las criaturas antes que al Creador, el cual es bendito por los siglos. Amén. Por esto Dios los entregó a pasiones vergonzosas; pues aun sus mujeres cambiaron el uso natural por el que es contra naturaleza, y de igual modo también los hombres, dejando el uso natural de la mujer, se encendieron en su lascivia unos con otros, cometiendo hechos vergonzosos hombres con hombres, y recibiendo en sí mismos la retribución debida a su extravío. Y como ellos no aprobaron tener en cuenta a Dios, Dios los entregó a una mente reprobada, para hacer cosas que no convienen; estando atestados de toda injusticia, fornicación, perversidad, avaricia, maldad; llenos de envidia, homicidios, contiendas, engaños y malignidades; murmuradores, detractores, aborrecedores de Dios, injuriosos, soberbios, altivos, inventores de males, desobedientes a los padres, necios, desleales, sin afecto natural, implacables, sin misericordia; quienes habiendo entendido el juicio de Dios, que los que practican tales cosas son dignos de muerte, no sólo las hacen, sino que también se complacen con los que las practican (vv. 20-32).

A lo largo de este pasaje, Pablo nos muestra qué significa este término "ira" dentro del contexto que él decide usar. Él lo ha relacionado con los hechos que los hombres y las mujeres están consumando en la tierra y enumera una serie de cosas que estaban ocurriendo en ese entonces... al igual que hoy. La ira que Pablo describe en respuesta a la desobediencia de la humanidad y la rebelión contra Dios es una demostración visible de desagrado. No está diciendo solo que Dios está enojado; sino que la ira es la demostración tangible de que Dios está enojado. No es solo ira; sino la manifestación de la ira. En otras palabras, no es un secreto ni está oculto. Así como Dios visiblemente demostró su amor por nosotros cuando sacrificó a su Hijo Jesucristo en nuestro lugar, la ira es una demostración visible del desagrado de Dios.

La demostración visible de la ira de Dios

En varios de los versículos anteriores podemos ver cuál es esta demostración visible:

Por lo cual también Dios los entregó a... (v. 24).

Por esto Dios los entregó a... (v. 26).

Y como ellos no aprobaron tener en cuenta a Dios, Dios los entregó a... (v. 28).

La ira que Pablo menciona en Romanos 1 no hace referencia a la separación eterna de Dios en el infierno, sino a que Dios

LA LIBERACIÓN

entrega a los seres humanos a las consecuencias naturales de su pecado. Interrumpe su misericordia y su gracia, mientras permite que experimenten las consecuencias del pecado. Esta es la ira pasiva de Dios, con la cual retira su cobertura y protección y permite a la humanidad no solo ir tras sus corrupciones carnales, sino también incurrir en las consecuencias resultantes en sus vidas y sus relaciones. La combinación de la interrupción de la gracia continua de Dios junto a la apertura de la válvula que abre el flujo de los daños consiguientes del pecado es la ira de Dios. Se experimentó en los días de Pablo y también se experimenta en nuestros días en varios niveles. La humanidad escoge rebelarse contra Dios a tal grado que, al final, el Creador da un paso al costado y dice: "Vamos, adelante". Y sin el freno de su Espíritu, el juicio del pecado viene a través de las mismas consecuencias de ese pecado.

El SIDA (síndrome de inmunodeficiencia adquirida) y la infección por el VIH que lo causa son ejemplos perfectos de la ira pasiva de Dios. En las relaciones heterosexuales y monógamas, acordes a sus principios de moralidad y fidelidad sexual, el VIH no ocurre. Cuando hombres y mujeres viven bajo la autoridad de Dios, el VIH no tiene lugar entre las parejas. Sin embargo, cuando los hombres y las mujeres eligen vivir alternativamente al plan que Dios ha prescrito para el matrimonio, su ira pasiva permite el resultado natural del sexo con múltiples parejas. Del mismo modo, el SIDA entre los que consumen drogas (propagación por agujas infectadas) refleja las consecuencias de transgredir las leyes estatales y federales e ignorar a quienes están en autoridad.

Otro ejemplo de esto sucedió en los Estados Unidos durante las fechorías financieras que condujeron a la gran recesión de 2008. Pablo describe a individuos "atestados de toda... avaricia" (1:29). Recordemos que la avaricia de los consumidores, banqueros y compañías hipotecarias se acumuló hasta que Dios permitió un colapso financiero nacional. Muchas personas compraron casas que no podían pagar, impulsadas por prestamistas hipotecarios que rebajaban los requisitos para calificar a fin de ganar dinero. Los prestamistas aprobaron hipotecas de alto riesgo, que finalmente contribuyeron a un colapso del mercado bursátil, una caída en la valoración de las propiedades y miles de ejecuciones hipotecarias. Este colapso financiero no ocurrió solo por la mala administración financiera; más bien fue también el resultado del juicio divino que abrió las puertas para que fluyera la consecuencia natural de la avaricia.

Es evidente que la ira de Dios se desata cuando Él retira sus manos de misericordia y permite así que las consecuencias del pecado se desborden.

Nuestro arrepentimiento y la intercesión de Cristo

Siendo así, llevamos esa definición a Romanos 5:9-11, el pasaje clave de este capítulo, donde Pablo escribió: "Pues mucho más, estando ya justificados en su sangre, por él seremos salvos de la ira" (v. 9). Cuando traes tu pecado a la cruz y crees que la sangre derramada de Jesucristo te perdona, el Libertador no solo perdona tu pecado para la eternidad, sino que la vida de Cristo te libra de las consecuencias de tu pecado. Esta es la liberación que Cristo vino a darnos en esta tierra.

¿Por qué? Porque seas o no seas cristiano, enfrentarás las mismas consecuencias físicas y tangibles del pecado. Cuando los cristianos actúan con un espíritu y mentalidad de envidia, celos, maldad, amoralidad sexual y cosas por el estilo, están invitando a su vida las mismas consecuencias que experimentan todos los demás. La cruz de Cristo nos permite llevar nuestro pecado a Jesús, pedir perdón y buscar su sanidad. Así pues, Jesús puede librarnos de la ira pasiva de Dios.

Por eso es muy importante el arrepentimiento. Jesucristo intercede por ti. Y no solo eso, sino que como un bloqueador de fútbol americano, desvía los intentos del enemigo de derrotarte.

LA LIBERACIÓN

Satanás es un experto en aprovechar y maximizar los efectos y resultados de las consecuencias del pecado en nuestra vida. A menudo desvirtúa estas consecuencias con culpa y vergüenza para hacerlas aún peores de lo que son por sí solas. Pero cuando verdaderamente entiendes el amor sacrificial de Dios en la cruz y vienes a Jesús arrepentido por tu pecado, Jesús abre el camino para que puedas avanzar en el ámbito de tu vida. Para que tú y yo comprendamos perfectamente la liberación que Dios tiene para nosotros, debemos traer nuestros pecados, ya sean actitudes, acciones o pensamientos, y ponerlos al pie de la cruz.

Cuando vivimos sin comprender ni posicionarnos bajo la cruz, eso crea una distancia entre nosotros y Dios. Es como el sol que siempre brilla sobre nuestra tierra: a pesar de que siempre está brillando, experimentamos la oscuridad (nocturna) varias horas cada día, simplemente porque nuestro lado del planeta se ha alejado del sol. La oscuridad llega cuando ya no estamos frente a la luz. Asimismo, cuando desechamos la verdad de Dios y le damos la espalda, como está escrito en Romanos 5, experimentamos la oscuridad resultante de no mirarlo cara a cara.

> PARA QUE COMPRENDAMOS PERFECTAMENTE LA LIBERACIÓN QUE DIOS TIENE PARA NOSOTROS, DEBEMOS TRAER NUESTROS PECADOS Y PONERLOS AL PIE DE LA CRUZ.

Por supuesto, Dios es luz. Pero cuando nos alejamos de la luz, podemos caminar hacia las tinieblas. Lo que hace la liberación de la cruz es llevarnos otra vez a la verdad de los preceptos de Dios, su amor y su misericordia. Nos libra de una vida de esclavitud al resultado del pecado y sus consecuencias en nuestra vida.

Eso no significa que nunca experimentarás las consecuencias del pecado. Dios no siempre nos libra de todo, sino que te habrás posicionado para recibir lo mejor de Dios para ti, así como la protección de su gracia y su misericordia.

Confiesa y cree

Hemos estado estudiando el libro de Romanos hasta aquí para entender el poder liberador de la cruz; pero en Romanos 10 encontramos dos versículos que han confundido a muchos a través de los años: "Si *confesares* con tu boca que Jesús es el Señor, y *creyeres* en tu corazón que Dios le levantó de los muertos, serás salvo. Porque con el corazón se cree para justicia, pero con la boca se confiesa para salvación" (vv. 9-10).

En estos dos versículos, Pablo enumera dos cosas que debemos hacer para ser *salvos*: confesar con nuestra boca y creer en nuestro corazón. El problema surge porque en otros pasajes del Nuevo Testamento que explican cómo ser salvo nos dice que solo tenemos que hacer una cosa: creer (Jn. 3:16, Jn. 5:24, Hch. 16:31, Ro. 4: 5). Sin embargo, en Romanos tenemos que hacer algo más. Por lo tanto, o bien la Biblia se está contradiciendo a sí misma, o bien este pasaje de Romanos debe significar otra cosa.

La respuesta a ese dilema se encuentra en el contexto del pasaje. Pablo no está instruyendo a los pecadores para ser santos en este pasaje. Él está instruyendo a los santos para librarse de los pecados existentes en sus vidas. Debes creer en el Señor Jesucristo para ir al cielo, pero debes confesar al Señor Jesucristo para que el cielo venga a ti.

Permíteme explicarlo. Cuando una persona acepta a Jesucristo como su Salvador personal (cree), inmediatamente se le acredita (imputa) la justicia de Jesús como su propia justicia. Es salva, en el sentido eterno de la palabra. Sin embargo, cuando hace una confesión pública de Jesucristo como su Señor resucitado, recibe su liberación para el presente. Por lo tanto, hay una relación directa entre la cruz y la resurrección de Jesucristo con Dios que libera a su pueblo de las consecuencias mortales del pecado.

La palabra "salvo" es la misma palabra que hemos estado viendo en referencia a la liberación. La razón por la cual muchas personas que van al cielo no están viendo el cielo en sus vidas presentes es porque han creído, pero no lo han confesado. Han puesto su fe en Jesucristo para el perdón de sus pecados. Pero no han hecho una confesión pública o declaración de Él como su Señor, ya sea a través de palabras o hechos.

Jesucristo es Señor

En la Roma de los tiempos bíblicos, llevaban a los cristianos ante los magistrados, porque estos seguidores de Cristo estaban declarando que Jesús era el Señor tanto en palabras como en acciones. El término "Señor" significa soberano o autoridad suprema. Las autoridades romanas intentaban que los cristianos declararan a César como el Señor, y negaran a Jesús como soberano y autoridad suprema. No fue por creer en Jesús que colgaban o lanzaban a los leones a los cristianos; sino por creer en Jesús como el legítimo Soberano y Señor. Hay una diferencia.

La razón por la cual podríamos no estar viendo más la liberación de Dios en nuestra vida es porque tenemos a Jesús posicionado como nuestro Salvador, pero no como nuestro Señor. Nosotros, el cuerpo colectivo de Cristo, no somos sus esclavos. Ten en cuenta que el trabajo de un esclavo es hacer lo que el Amo dice.

Lamentablemente, hoy en la vida de muchos cristianos, Jesús debe competir con otros amos. Sin embargo, Jesús no está dispuesto a ser uno entre muchos. No está dispuesto a ser parte de una asociación o un club. Tampoco está dispuesto a ser relegado a la posición de un asistente personal. Jesús como Señor significa que Jesús debe ser *el* Soberano y Amo Supremo. Él es la autoridad, y debemos reconocerlo en todo lo que hacemos.

El problema es que demasiadas personas quieren un Salvador en la cruz, pero no quieren al Señor que resucitó. Debido a eso,

EL PODER DE LA CRUZ

hoy muchos cristianos están experimentando el resultado de negar a Cristo públicamente. De igual manera, Cristo los niega delante de Dios, el Padre. ¿Cómo ocurre esta negación? Otros pasajes del Antiguo y el Nuevo Testamento nos ayudan a entenderlo. Leamos primero:

> porque todo aquel que invocare el nombre del Señor, será salvo (Ro. 10:13).

Pablo, llamado a ser apóstol de Jesucristo por la voluntad de Dios... a los santificados en Cristo Jesús, llamados a ser santos con todos los que en cualquier lugar invocan el nombre de nuestro Señor Jesucristo, Señor de ellos y nuestro (1 Co. 1:1-2).

Y todo aquel que invocare el nombre de Jehová será salvo (Jl. 2:32).

Estos son solo algunos pasajes, pero de ellos podemos ver claramente que aquí se refieren a los que son salvos desde un punto de vista eterno. Son los "llamados a ser santos". La palabra "liberación" no significa salvación para la eternidad. En el contexto de estos pasajes, y el pasaje que leímos anteriormente en Romanos 10, liberación es la ayuda de Dios en la historia. Invocar el nombre del Señor trae el cielo a tu vida en la tierra.

PARA EXPERIMENTAR EL PODER DEL CIELO EN LA TIERRA, DEBEMOS ESTAR DISPUESTOS A CONFESAR A JESUCRISTO COMO SEÑOR.

Permíteme explicarte cómo funciona esto. Digamos que debo invocar a Dios para que me libre de alguna dificultad o circunstancia que estoy enfrentando. Es demasiado para soportarlo o superarlo solo y necesito que Dios me libre de eso. Entonces invoco el nombre del Señor. Cuando eso sucede, Dios, el Padre, se dirige a Cristo, el Hijo, y le dice: "Hijo, Tony Evans acaba de llamarme, porque quiere que lo rescate de una situación en particular. ¿Qué dices?".

Jesús entonces responde: "Padre, Tony Evans nunca quiere confesar mi nombre en público. Se avergüenza de que lo asocien conmigo. No quiere que yo influya en sus decisiones. Siempre que hablan de religión, cambia de tema. Usa tu nombre, 'Dios,' pero nunca menciona el mío, 'Jesucristo.' Nunca está dispuesto a testificar de su fe a nadie. Así que si respondes a su pedido de liberación, lo único que estás haciendo es darle una nueva oportunidad de negarme. En función de eso, yo recomendaría que le niegues su petición ya que él me niega a mí".

Ahora bien, gracias a Dios nada de eso es verdad de mí en el sentido literal, puesto que mi misión en la vida es declarar a Jesucristo públicamente. Pero entiendes la idea. Puedes invocar el nombre del Señor todo lo que quieras para que te libre, pero, según Romanos 10:9-10, si no confiesas también el nombre del Señor, Él te podría negar la petición. Para experimentar la autoridad y el poder del cielo en la tierra, debemos estar dispuestos a confesar a Jesucristo como Señor públicamente, en palabras y en acciones.

Crees en Él para salvación eterna. Lo confiesas públicamente para liberación en la vida terrenal. Tanto su intervención como su participación en tu vida dependen de tu declaración pública, ya sea en palabras y acciones, de que Él es el Señor. Pablo le dijo a Timoteo con denuedo: "Por tanto, no te avergüences de dar testimonio de nuestro Señor" (2 Ti. 1:8).

Debes manifestar y confesar a Jesucristo como el Señor de tu vida, por la sencilla razón de que necesitas acceso al poder de liberación en la tierra. Debes declararlo públicamente para que otros sepan a través de tus palabras y acciones que Él es tu Señor y Amo, que no te avergüenzas de estar unido a Él y bajo su autoridad. Él está sentado a la diestra de Dios en los lugares celestiales,

EL PODER DE LA CRUZ

como lo estás tú por medio de su redención en la cruz. Su sangre ha establecido el nuevo pacto bajo el cual debes alinear tu vida para poder recibir la plena cobertura y protección de su pacto.

Probablemente has oído a alguien decir: "Por la sangre". Lo que está haciendo esa persona es apelar a la sangre del pacto. Sin embargo, la manera de apelar a la sangre del pacto no es decir unas simples palabras mágicas, sino estar bajo los términos del pacto y hacer de Jesucristo el Señor de tu vida y gobernante de tu mundo.

11

LA CONMEMORACIÓN

SOY UN PREDICADOR por naturaleza. Dios me creó con una pasión innata y el deseo de predicar su Palabra. Predico desde que era un adolescente, ya sea montado en la parte trasera de un camión estacionado en una esquina para hacer evangelismo al aire libre o en pequeñas tiendas de campañas de avivamiento. Jamás me importó dónde ni cuánto tiempo, siempre me ha gustado y he anhelado predicar.

El domingo por la mañana, sin duda, es el momento central de mi semana. Tenemos dos servicios en la iglesia de la cual soy pastor hace casi cuatro décadas, y un sermón típico dura de cuarenta y cinco minutos a una hora. El servicio completo es de aproximadamente dos horas. Sin embargo, a pesar de lo mucho que me gusta predicar y dar el mensaje cada semana, puedo decir sinceramente que el sermón no es la parte más importante del servicio.

Sí, el sermón es importante, instructivo y tiene la intención de ser inspirador; pero definitivamente no es la parte más importante del servicio. Tampoco es el canto, aunque la adoración a través de la música ciertamente es un componente clave que fomenta la intimidad de nuestra relación con Dios. El elemento más esencial del servicio dominical matutino es la Santa Cena. De hecho, la celebramos cada semana. Desdichadamente, el momento más importante de nuestro servicio es también uno de los menos comprendidos y más desaprovechados de toda la cristiandad.

La práctica de la Santa Cena es clave para liberar la presencia y el poder sin igual de Dios en cada una de nuestras vidas. Nos remite a la cruz donde Jesús murió. Como tal, debe ser parte integral de nuestra comunión con Dios y debe llevarnos a una relación más profunda con Él a través de cada una de nuestras experiencias. Sin embargo, la mayoría de nosotros no comprendemos realmente el significado de la Santa Cena y, por lo tanto, no podemos aprovechar al máximo su valor.

Demasiados cristianos comen el pan y beben la copa con una comprensión generalizada y sugestiva de la Santa Cena, simplemente como una práctica ritual. No es que no haya sinceridad. No es que no haya confesión o gratitud, sino que no siempre manifestamos realmente el verdadero significado de la Santa Cena en nuestra mente y nuestro corazón. Por consiguiente, no sabemos con qué actitud tomarla, diferente de cómo lo hemos hecho desde que fuimos salvos. Después de todo, la enseñanza bíblica sobre la cruz y su relación con la Santa Cena no es el típico mensaje de un domingo por la mañana ni un tema de estudio bíblico.

Lo que es más, en un gran número de iglesias, la Santa Cena no se lleva a cabo regularmente, sino que se reserva para ocasiones especiales. E incluso cuando se celebra, no siempre incluye un tiempo de reflexión y meditación en toda la verdad que representa, sino solo en los aspectos más destacados de esa verdad.

Si como creyentes realmente entendiéramos y pusiéramos por obra el propósito y el poder de la mesa del Señor —la Santa Cena, la Cena del Señor (a veces llamada Eucaristía)—, sería una experiencia transformadora en nuestra vida. Y no me refiero solo

LA CONMEMORACIÓN

a una transformación en la naturaleza de nuestro corazón hacia el Señor; sino también en el acceso a la autoridad y el poder que Cristo ha logrado para nosotros en la cruz, para que nos beneficiemos de ellos en las situaciones habituales de nuestra vida diaria.

Lo que un sermón no puede hacer

Sin lugar a dudas, tanto los congregantes como los oyentes de nuestro ministerio de radio y televisión enfrentan problemas, que son graves, complejos y a menudo implacables. Muchos vienen a la iglesia con cargas, que un sermón por sí solo no puede aliviar. Vienen tan destrozados que un mensaje de inspiración no puede restaurarlos. Necesitan algo más grande, más fuerte y más poderoso que los saque de esa red que los envuelve. Tal vez tú necesites algo así también.

Para eso precisamente está destinada la Santa Cena.

La carta de Pablo a la iglesia de Corinto sirve de introducción para nuestro planteamiento sobre este tema y destaca cómo la Santa Cena —la rememoración de la muerte de Cristo en la cruz— puede hacernos bien. Mientras se dirigía a los creyentes sobre temas como el matrimonio y la comunidad, Pablo se lanzó de lleno a escribir el pasaje más conocido sobre la Santa Cena. Debido a que es tan conocido, es fácil pasar por encima sus palabras y perder de vista su significado completo. Te invito a leerlo una vez más, esta vez lentamente.

Porque yo recibí del Señor lo que también os he enseñado: Que el Señor Jesús, la noche que fue entregado, tomó pan; y habiendo dado gracias, lo partió, y dijo: Tomad, comed; esto es mi cuerpo que por vosotros es partido; haced esto en memoria de mí. Asimismo tomó también la copa, después de haber cenado, diciendo: Esta copa es el nuevo pacto en mi sangre; haced esto todas las veces que la bebiereis, en memoria de mí. Así, pues, todas las veces que comiereis este pan, y bebiereis esta copa, la muerte del Señor anunciáis hasta que él venga (1 Co. 11:23-26).

Cuando Pablo escribió estas palabras, la cruz estaba en el pasado. Jesús ya había ascendido al cielo y Pablo estaba escribiendo a la iglesia para explicarles cómo debían comportarse tanto en la ausencia física de Cristo como en su presencia espiritual.

Una de las afirmaciones que Pablo hace al principio les revelaba, así como a nosotros, que la Santa Cena —la copa y el pan— es "por vosotros". No dijo que era solo un simbolismo o un ritual, sino más bien un acto personal. Pablo citó a Jesús al declarar que la Santa Cena es un reflejo tangible, pero simbólico de los logros de la cruz, cuyos beneficios hemos de aprovechar en nuestra vida cotidiana. Es un acto individual, íntimo de comunión con Dios, aunque muchas personas lo hagan al mismo tiempo.

Cada vez que personalizamos la Santa Cena, nosotros, los que participamos de ella, somos conducidos a un nivel más profundo de intimidad con el Salvador. Lamentablemente, podemos perder tal interacción en medio de nuestras tradiciones. Pablo les recuerda esto a sus lectores al incluir la importancia que la cruz, y también la Santa Cena, tiene para cada uno de nosotros individualmente como una experiencia personal con Dios.

No solo les recuerda esto a ellos (y a nosotros), sino que usa otra expresión para aplicarlo más al contexto de nuestras vidas: "todas las veces". Aquí Pablo está citando a Cristo cuando dice "todas las veces que la bebiereis" (v. 25). La expresión "todas las veces" que utiliza aquí implica algo que se hace regularmente. En otras palabras, la Santa Cena debería ser una práctica regular en cada una de nuestras vidas, porque la expresión "todas las veces" no indica que es ocasional. No es tan a menudo como quisieras, sino más bien tan a menudo como puedas.

LA CONMEMORACIÓN

La copa del pacto

No solo es importante ver la Santa Cena en función de una experiencia personal continua; sino también en función del pacto. Muchos de los problemas que surgen en nuestra vida, que son difíciles de superar, existen simplemente porque no hemos podido comprender y aplicar la naturaleza del pacto de la cruz. El acto de la Santa Cena nos recuerda la cruz y el nuevo pacto que la gracia de Dios nos concede.

Sin embargo, primero debemos comprender qué es un pacto, para saber qué debemos tener, desarrollar y aprovechar en nuestra relación con Jesucristo progresivamente. Para la mayoría de la gente, un pacto es simplemente un contrato formal. Si bien esto es cierto en cuanto a la naturaleza del pacto, un pacto implica mucho más que eso. En la Biblia, un pacto es una relación espiritualmente vinculante entre Dios y su pueblo, que incluye ciertos acuerdos, condiciones, beneficios y efectos. Es un vínculo divinamente creado.

Cada vez que Dios quería formalizar su relación con su pueblo, establecía un pacto. Hay una serie de estos pactos en la Biblia, tales como el pacto abrahámico, el pacto mosaico, el pacto davídico y el nuevo pacto. El nuevo pacto es el que Pablo menciona en el pasaje que acabamos de leer en referencia a la Santa Cena: "Esta copa es el nuevo pacto en mi sangre"; una referencia a las palabras que Jesús pronunció durante su última cena con los discípulos (ver Mt. 26:27-28), antes de su sacrificio en la cruz, un evento que conmemoramos durante la Santa Cena.

Estos son contratos formales, que son espiritualmente vinculantes a título legal entre Dios y su pueblo. Una buena manera de comprender el concepto de un pacto es el vínculo que un hombre tiene con una mujer cuando entran en una unión matrimonial. Antes de contraer matrimonio, no existía entre ellos un vínculo legal fundado en acuerdos y compromisos mutuamente vinculantes. Sin embargo, después de contraer matrimonio, los dos están legalmente vinculados con expectativas y acuerdos preestablecidos.

A través de la cruz, cada cristiano ha entrado a un nuevo y único pacto con Dios. Rememorar la cruz en la Santa Cena nos recuerda el nuevo pacto y la bondad de Dios con los suyos, y nos proporciona el combustible que necesitamos para todas las situaciones de la vida.

Un pacto está destinado a traerte un beneficio. El nuevo pacto de Dios confirmado a través de la cruz tiene la misma intención. Significativamente, la Santa Cena sirve como un recordatorio y una renovación del pacto que Cristo confirmó para nosotros en la cruz. En Deuteronomio leemos sobre la naturaleza benéfica del pacto, donde dice: "Guardaréis, pues, las palabras de este pacto, y las pondréis por obra, para que prosperéis en todo lo que hiciereis" (29:9). Sin embargo, puesto que el pacto lleva consigo tan grande peso y bendición prevista, no es algo para celebrar a la ligera.

A lo largo de las Escrituras, a menudo se requería un sacrificio de sangre para establecer un pacto. En uno de los pactos más antiguos, Dios le pidió a Abraham que matara a una becerra, una cabra y un carnero, y luego pasó entre ellos y las aves, que no estaban partidas, como señal de su pacto con Abraham (entonces, Abram), lo cual establecía una nueva relación con Abraham y sus descendientes, denominado pacto abrahámico (Gn. 15:5-21). Asimismo, el vínculo del pacto garantizado por la cruz, conocido como el nuevo pacto, requirió el derramamiento de la sangre de Cristo. Vemos esto en la carta de Pablo a la iglesia de Corinto, capítulo diez, donde dice: "La copa de bendición que bendecimos, ¿no es la comunión de la sangre de Cristo? El pan que partimos, ¿no es la comunión del cuerpo de Cristo?" (v. 16).

Al mencionar "la copa de bendición", Pablo se está refiriendo a la copa de la Santa Cena, que nos permite compartir la vida de Cristo. Así como en el pacto matrimonial una pareja

LA CONMEMORACIÓN

experimenta un nivel más profundo de intimidad en su unión sexual, del mismo modo, la copa y el pan deben conducirnos a un nuevo nivel de participación íntima en la vida de Cristo. La Santa Cena nos permite participar más profundamente de esta relación con nuestro Salvador. Al celebrar la Santa Cena hay una comunión más íntima, aparte de la intimidad regular; un nivel de intimidad superior que Dios ofrece a su pueblo. La Santa Cena hace que el acontecimiento histórico de la cruz sea activo en la vida actual del creyente.

Anuncia la victoria

No solo compartimos un nivel especial de intimidad con Dios a través de la Santa Cena, sino que también anunciamos y nos beneficiamos del poder del sacrificio de la muerte de Jesús. Como Pablo escribió: "Así, pues, todas las veces que comiereis este pan, y bebiereis esta copa, la muerte del Señor anunciáis hasta que él venga" (1 Co. 11:26). Pablo declaró que el acto de tomar la Santa Cena es también el acto de anunciar una verdad muy importante. Sin embargo, la pregunta que surge es: ¿Anunciarla a quién? ¿Y por qué razón?

Anunciar algo es similar a predicarlo o declararlo para que otros lo oigan. Por tanto, lo que Pablo está diciendo es que cuando comes del pan y bebes de la copa en la Santa Cena, en ese momento estás predicando tu propio sermón sobre la totalidad de la muerte de Cristo. En ese momento del servicio, tú eres el predicador. Tú eres el que anuncia a los observadores —y a Satanás y a sus demonios—, que la verdad del gran sacrificio de Cristo es que tu victoria ha sido garantizada, tal como lo hizo Jesús después de morir en la cruz (1 P. 3:19).

Sabemos que el público al que le estás anunciando la muerte de Cristo incluye a Satanás y a sus demonios, porque Colosenses 2 dice que, en la cruz, Cristo "despojó" a los principados y a las potestades del reino de Satanás mediante su muerte y

EL PODER DE LA CRUZ

resurrección. En la cruz, el diablo fue derrotado. Jesús obtuvo la victoria definitiva sobre los principados de este mundo y nos hizo libres de todo el castigo del pecado. Leemos:

> Y a vosotros, estando muertos en pecados y en la incircuncisión de vuestra carne, os dio vida juntamente con él, perdonándoos todos los pecados, anulando el acta de los decretos que había contra nosotros, que nos era contraria, quitándola de en medio y clavándola en la cruz, y despojando a los principados y a las potestades, los exhibió públicamente, triunfando sobre ellos en la cruz (vv. 13-15).

Este pasaje nos dice que, en la cruz, el diablo fue derrotado. Aun así, tiene más poder que tú y yo, pero la clave para entender la victoria espiritual en cualquier ámbito —sea en tu matrimonio, tu carrera o en cualquier otro— es reconocer que el poder no significa nada cuando entiendes la autoridad. En la cruz, el diablo perdió su autoridad. Jesús despojó "a los principados y a las potestades".

De modo que cuando tomas la Santa Cena, estás anunciando al reino demoníaco que ya no tiene ningún derecho legítimo sobre tu vida. Lo que significa la cruz es que el diablo fue derrotado, y lo que hace la Santa Cena es recordarte esta realidad y esta verdad. Tienes que recordar esto regularmente como lo hace Satanás, porque el reino demoníaco no quiere pensar que está derrotado. Tampoco quiere relacionarse contigo como derrotado. Por medio de la Santa Cena, Dios quiere que tú anuncies y proclames el verdadero mensaje de la cruz a las fuerzas espirituales que trabajan contra ti.

Gran parte del dolor que experimentas en tu vida proviene del reino satánico. Cuando escuchas a alguien decir: "Eso debe

LA CONMEMORACIÓN

venir de parte del diablo", probablemente sea cierto (Ef. 6:12). Sea cual sea el problema o la lucha, viene de ese reino. El reino satánico intenta invadir el orden de tu vida para evitar que experimentes todo lo que la cruz provee mediante el pacto. Por lo tanto, necesitas enviarle un mensaje basado en la copa y el pan que representan la victoria que Cristo logró para ti en la cruz, y que el infierno ha perdido.

Podemos entender las implicaciones actuales del pacto en la Santa Cena a través de otro contexto terrenal del matrimonio. Cada vez que una pareja casada intiman, están recordando el día de su boda. No están volviendo a realizar una ceremonia, sino que están rememorando y renovando el pacto en el acto de la intimidad sexual. Por lo tanto, lo que Pablo sugiere es que a través de la Santa Cena, quiere que rememores lo que pasó en la cruz y que utilices su poder en tu vida diaria.

Ten cuidado de no convertir en ritual lo que debe ser sagrado. O convertir algo profundo en algo común y corriente. La mayoría de nosotros tenemos una sala de comedor en nuestra casa con un mueble donde guardamos una vajilla de porcelana especial. Tus finas piezas de porcelana no son platos para uso diario. Tus hijos no pueden decirte: "Hazme un sándwich de jamón y sírvemelo en esa vajilla de porcelana, mamá". No pueden hacer eso, porque la vajilla es especial.

En cambio, en tu cocina también tienes platos de uso diario. Esos son los platos que no te importa tanto si se rompen. Son menos importantes, porque no tienen un valor exclusivo.

Cuando celebramos la Santa Cena con la reverencia, la seriedad y la intimidad que implica el significado de su pacto, nos conecta especialmente con los logros de la muerte y resurrección del pacto de Cristo. Incluso más que eso, nos ofrece la oportunidad de anunciarle al enemigo que ya no tiene autoridad sobre nosotros.

Dos mesas

El apóstol Pablo nos lleva aún más profundamente a la batalla espiritual que tiene lugar en la Santa Cena cuando habla de dos mesas en 1 Corintios 10:

La copa de bendición que bendecimos, ¿no es la comunión de la sangre de Cristo? El pan que partimos, ¿no es la comunión del cuerpo de Cristo? Siendo uno solo el pan, nosotros, con ser muchos, somos un cuerpo; pues todos participamos de aquel mismo pan. Mirad a Israel según la carne; los que comen de los sacrificios, ¿no son partícipes del altar? ¿Qué digo, pues? ¿Que el ídolo es algo, o que sea algo lo que se sacrifica a los ídolos? Antes digo que lo que los gentiles sacrifican, a los demonios lo sacrifican, y no a Dios; y no quiero que vosotros os hagáis partícipes con los demonios. No podéis beber la copa del Señor, y la copa de los demonios; no podéis participar de la mesa del Señor, y de la mesa de los demonios" (vv. 16-21).

Pablo plantea que la comunión con un ídolo pagano es como tener comunión con los demonios, lo cual anula los beneficios que la Santa Cena debería traer al creyente. Aunque no adoramos ídolos de piedra, tenemos nuestros propios ídolos en el siglo veintiuno; porque un ídolo es cualquier persona, lugar o cosa no autorizada que busques aparte de Dios para satisfacer tus necesidades. Así que ten cuidado; podrías descalificarte de los beneficios de la Santa Cena si participas de la mesa con otro ídolo en tu corazón en lugar del Dios Todopoderoso.

Ten cuidado de no menoscabar el significado de la Santa Cena al no tomar en serio el compromiso del pacto que viene a través de la cruz. Recuerda que el significado de la Santa Cena está ligado al significado de la cruz, cuyo objetivo era la derrota de Satanás, el perdón del pecado, la transformación de la vida y

LA CONMEMORACIÓN

un canal de bendición. Todo eso viene comprendido en el nuevo pacto, mediante el cual lo llamamos gracia.

La Santa Cena te ofrece fortaleza donde una vez solo conocías debilidad, a través de la comunión personal y única con nuestro Salvador al rememorar y beneficiarnos de su sacrificio de amor. Así como Pablo declara las consecuencias de tomar la Santa Cena de manera inapropiada (debilidad, enfermedad y muerte prematura, 1 Co. 11:30), hay beneficios que llegan al creyente en estas mismas áreas. La Santa Cena es el canal que Dios ha ordenado para el bienestar espiritual.

"Escoge sabiamente"

Siempre disfruto de una buena película, y la saga de Indiana Jones (cuatro en total) es una de mis favoritas de todos los tiempos. Harrison Ford interpreta como nadie ese personaje. La película que más me gusta de esta serie es *Indiana Jones y la última cruzada*, donde Indy y su padre están en la búsqueda del santo grial. En esa película, Indy va en busca del Santo Grial, supuestamente el cáliz que Jesús usó durante la Última Cena (y parte de la leyenda del Rey Arturo). Mientras se abre camino para encontrar ese cáliz bendito, varios enemigos tratan de detenerlo y derrotarlo.

Cuando la película se acerca a su fin, el padre de Indy se está muriendo y no hay nada que pueda salvarlo excepto el poder sanador del cáliz de la bendición. Sabiendo esto, Indy se apresura a llegar al lugar donde la copa está bien guardada, para lo cual sale con fe y atraviesa una miríada de trampas mortales. Finalmente, Indy llega al lugar donde se encuentran todas las copas y donde debe enfrentar al guardián del grial.

Dos palabras significativas salen de la boca del guardián mientras Indy recorre la zona en busca del cáliz que debe elegir. Entonces le dice con claridad: "Escoge sabiamente". Uno de los enemigos, que se encuentra en ese lugar oculto no escoge sabiamente y en consecuencia se desintegra ante sus propios ojos. Sabiendo que no solo su propia vida, sino también la de su padre dependen de su decisión, Indiana Jones busca el cáliz que Jesús habría usado, porque solo el cáliz de Cristo traería la bendición. (Y sí, Indy tiene éxito y su padre se recupera).

Amigo, la cruz ha logrado mucho para ti y para mí. Sin embargo, Dios nos ha dado una opción en nuestras vidas. Él no fuerza la copa de la bendición sobre nosotros. No nos exige que bebamos de su copa y que comamos de su mesa. Más bien, nos la ofrece junto con toda la seriedad y autenticidad de un pacto con Él. Cuando bebemos de la copa y comemos del pan, rememoramos el poder y la gracia que nos ofrece la muerte de Jesús en la cruz. Y al reconocer y anunciar nuestra identificación con su victoria en la cruz, podemos traer sanidad a nuestros propios labios y nuestra propia vida y, por su gracia y poder, a quienes nos rodean.

12

LAS BENDICIONES

UN HOMBRE RICO, que había perdido a su esposa y más tarde a su único hijo, vivió varios años antes que él mismo muriera. A lo largo de su vida, había acumulado un conjunto de bienes costosos, valiosos y singulares, que después de su muerte se venderían en una subasta pública. Al conocer el buen gusto del hombre en la elección de piezas de arte y muebles finos, cientos de personas se presentaron a la subasta.

Sin embargo, aquel día, el primer artículo no atrajo el interés casi de nadie. El subastador presentó un sencillo retrato del hijo único del hombre en un marco de poco valor y dijo: "La primera pieza que ofrecemos hoy es este retrato de su hijo". Hizo una pausa para dar a todos la oportunidad de verlo y continuó: "¿Quién oferta?".

La sala se quedó en silencio y nadie levantó la mano para hacer una oferta por ese retrato. Los asistentes habían concurrido por las piezas de arte y los objetos valiosos, no para algo tan simple como eso. El subastador se quedó callado, sin decir una palabra —algo que raramente se ve en los subastadores—, al ver en el rostro de los asistentes que eso era algo que realmente nadie quería comprar. Pero preguntó una vez más: "¿Quién oferta? ¿Alguien quiere este retrato del hijo?".

En ese momento, un anciano que estaba al fondo de la sala se levantó y dijo: "Señor, yo fui el criado del hombre que murió, y si nadie quiere llevarse la foto de su hijo, me gustaría llevármela yo".

El subastador dijo: "Una vez más. ¿Hay alguien que haga una oferta por el retrato del hijo?". Sin embargo, nadie la hizo. Entonces le dijo al criado: "Sí, señor, el retrato es suyo". El anciano avanzó lentamente para agarrar el retrato del hijo. Miró tiernamente la imagen del muchacho y se lo llevó bajo el brazo hacia el fondo de la sala. Sin embargo, para sorpresa de todos, el subastador bajó el martillo y anunció: "La subasta ha terminado".

Todos se miraron unos a otros.

—¿Cómo? No ha sacado ninguna de las piezas costosas que están a la venta. ¿Cómo puede terminar la subasta? —preguntaron entonces un par de posibles postores.

—La voluntad del padre era que la subasta comenzara con el retrato de su hijo y quienquiera que ofertara por él se llevara también el resto de sus bienes. Valoraba tanto a su hijo, que especificó que quien se llevara su retrato lo heredaría todo —respondió el subastador—. Básicamente, el que tiene al hijo tiene todo lo demás —resumió—. El que no tiene al hijo, no obtiene nada.

LA CRUZ COMPRÓ NUESTRA SALVACIÓN ETERNA, PERO TAMBIÉN MUCHO MÁS.

A veces somos como esos compradores en la subasta pública. Miramos por todos lados en busca de algo para comprar, pero Dios está allí y dice: "He venido para dar vida y para dártela en abundancia. Pero esa vida solo se puede encontrar en relación con mi Hijo. Si tienes a mi Hijo, tienes vida eterna y todo lo que conlleva". Podemos leer esto claramente en el libro de Romanos, donde dice: "El que no escatimó ni a su propio Hijo, sino que lo entregó por todos nosotros, ¿cómo no nos dará también con él todas las cosas?" (8:32).

Todas las cosas que el Señor quiere darte están enteramente relacionadas con su Hijo, Jesucristo, y lo que Él ha logrado a través de su muerte, sepultura y resurrección. La cruz compró nuestra salvación eterna y nuestra libertad del castigo por el pecado, pero también mucho más. Estas son las cosas que he denominado las "bendiciones de la cruz", y son muchas. Estas son las cosas "abundantes" que Cristo vino a dar. Como Jesús mismo dice: "Yo he venido para que tengan vida, y para que la tengan en abundancia" (Jn. 10:10).

Lo grandioso con respecto a la abundancia y el incremento que el Padre quiere darte es que, según el pasaje en Romanos, es gratuito: "¿cómo no nos dará gratuitamente también con él todas las cosas?" (8:32, RVA-2015). Por si no lo entiendes, "gratuitamente" significa "absolutamente sin cargo". Sin embargo, aunque es gratuito, solo viene a través del Hijo de Dios y los logros que obtuvo en la cruz.

Vivimos en un día de bendición. Vivimos en una supuesta cultura cristiana donde gran cantidad de sermones hablan de cómo ser bendecido. En el cristianismo, muchos enseñan sobre la bendición sin relación alguna con Jesucristo; pero las Escrituras declaran explícitamente que la bondad, el favor y el incremento en tu vida y la mía vienen a través de un solo canal: la cruz de Cristo. Si todo lo que quieres son los tesoros y las baratijas, pero no quieres estar íntimamente unido a Jesús y todo lo que eso implica, incluida la cruz, eres como los hombres y las mujeres que estaban en la subasta pública: pasas por alto lo único que puede darte todo.

Nos esperan sus bendiciones

Cuando la Biblia dice: "El que no escatimó ni a su propio Hijo", nos está dando una idea del profundo vínculo que la cruz tiene con las bendiciones de nuestra vida. En otras palabras, Dios no rehusó ofrecer a Jesús como sacrificio, porque era la única manera para que Dios pudiera darnos gratuitamente todas las cosas debido a su carácter santo. Dios no detuvo los clavos y la

EL PODER DE LA CRUZ

lanza como detuvo el cuchillo de Abraham para salvar a Isaac. Lo que Dios hizo por Isaac, ni siquiera lo hizo por su propia sangre, amor y esencia.

Cuando aprendemos a ver las bendiciones de la vida a través de ese sacrificio difícil, pero necesario, se produce en nosotros un nivel de gratitud más congruente con lo que verdaderamente hemos recibido. Se produce en nosotros un vínculo que no siempre tenemos presente. Y pone de relieve uno de los propósitos de la cruz de tal manera que resulta casi imposible ver el favor de Dios sin considerar su misericordia y su gracia. La cruz de Cristo es la entrada a todas las cosas que Dios ha determinado para tu vida.

Como he mencionado anteriormente, nuestro Dios no está atado al tiempo. Él conoce el fin desde el principio. Él ya ha establecido y preparado las bendiciones para tu vida. Vemos en Efesios: "Bendito sea el Dios y Padre de nuestro Señor Jesucristo, que nos bendijo con toda bendición espiritual en los lugares celestiales en Cristo" (1:3). La palabra "bendito" en este versículo está en tiempo pasado. Es fundamental reconocer esta distinción; de lo contrario, podrías ver la vida y la bondad de Dios como algo que tienes que ganarte o lograr personalmente. Sin embargo, Dios ya ha destinado las bendiciones para tu vida. La única clave necesaria para acceder a esas bendiciones es la fe en la obra consumada de Cristo; la fe en todo lo que Cristo ha logrado para ti y todo lo que Dios desea hacer en ti.

Demasiados creyentes podríamos llegar algún día al cielo y ser conducidos, figurativamente, a esta sala solo para descubrir que no hemos tenido acceso completo a todas las bondades que Dios había destinado para que nosotros recibiéramos y cumpliéramos. Esto se debe a que muchos de nosotros tenemos una relación limitada o no realmente auténtica con el Cristo de la cruz. Sin Cristo, "todas las cosas" son inaccesibles y lejanas. Con

Cristo, hay un caudal cada vez mayor de poder, sabiduría, gozo y bendiciones de Dios tanto para ti como a través de ti.

En la historia de la subasta pública que vimos al principio era evidente que el retrato del hijo no parecía de valor a los ojos de la mayoría. No parecía muy importante. Los cientos de concurrentes no saltaron a ofertar por ese artículo, ¿cómo podrían saber? Sin embargo, con Cristo y la cruz, Dios ha dejado muy claro lo que tenemos a través de su Hijo. "El que tiene al Hijo, tiene la vida" (1 Jn. 5:11-12), escribió el apóstol. Las Escrituras señalan que la cruz no es una de las cosas que más debemos apreciar; sino lo más importante. Es todo. Sin ella, ni la gracia ni la misericordia tendrían entrada a nuestra vida.

Es por eso que Pablo escribió con tanta claridad: "Pues me propuse no saber entre vosotros cosa alguna sino a Jesucristo, y a éste crucificado" (1 Co. 2: 2). Al afirmar eso, Pablo nos recuerda la naturaleza central de la cruz. Nos recuerda que no recibimos "todas las cosas" en la vida cuando vamos tras todas las cosas; sino solo a través de una sola cosa, la cruz donde Jesús fue crucificado.

El carácter de Cristo en nosotros

Uno de los pasajes popularmente más citados de las Escrituras es Romanos 8:28: "Y sabemos que a los que aman a Dios, todas las cosas les ayudan a bien, esto es, a los que conforme a su propósito son llamados". Sin embargo, muchas veces omitimos la verdad que expresa el versículo siguiente: "Porque a los que antes conoció, también los predestinó para que fuesen hechos conformes a la imagen de su Hijo, para que él sea el primogénito entre muchos hermanos". Esta es la aspiración de Dios para nosotros: el objetivo de Dios es clonar el carácter de Jesucristo en nosotros... en ti. Su deseo es que "te conformes a la imagen de su Hijo". Eso significa que tú y yo somos, en esencia, el reflejo de Cristo. Debemos parecernos cada vez más a Él en nuestras actitudes, nuestro carácter y nuestra conducta. Dios quiere que nos parezcamos a su Hijo. Él ama tanto a Jesús que quiere que los suyos se asemejen a Él. Y cuando se asemejan a su Hijo, Él hace que "todas las cosas les ayudan a bien". Todas las cosas. Otra vez esa frase.

El propósito de Dios para ti es que todo lo que suceda en tu vida te haga parecer más a Jesucristo. Ten en cuenta que están incluidas las situaciones buenas, las malas y las desagradables. No solo debes ver lo que te sucede según su valor nominal. Debes ver las situaciones, las circunstancias y las relaciones en tu vida en respuesta a esta pregunta: Dios, ¿cómo quieres usar esto (bueno, malo o desagradable) para hacerme más semejante al carácter de Cristo?

Es fácil querer deshacernos de las realidades negativas de nuestra vida o quitarnos las cargas de nuestra espalda y escapar de las pruebas. Pero el pensamiento que debería acompañar cada experiencia es considerar si Dios está disponiendo "todas las cosas" para nuestro bien; entonces ¿cómo quiere Él usar esa situación en particular para tal fin? Recuerda que Dios quiere conformarte a Cristo para que puedas pasar a través de la puerta de la cruz y acceder a "todas las cosas" que Él ha destinado para bendecirte.

Sí, desarrollar su carácter en nosotros podría significar a veces dolor. Cuando un bebé nace con una pierna torcida, es posible que meses después el médico le coloque aparatos ortopédicos al niño que está creciendo. El médico quiere trabajar en el proceso de crecimiento para enderezar la pierna. Para el niño, a menudo es difícil dormir con esos aparatos y podría ser incómodo caminar con ellos; pero la meta de los aparatos es conformar las piernas a su posición de desarrollo correcta.

Aunque esos aparatos sean molestos, engorrosos y, a veces, incluso dolorosos, tienen un propósito superior: fortalecer las

LAS BENDICIONES

piernas del niño para que tenga un mayor beneficio, disfrute y libertad, que si no los hubiera usado.

Que Dios use todas las cosas para nuestro bien no significa que todas las cosas sean necesariamente favorables. Sino que el objetivo de todas las cosas es producir las condiciones apropiadas para que puedas beneficiarte, disfrutar y experimentar al máximo la libertad de tu destino.

Una manera de saber verdaderamente que estás viviendo al máximo las bendiciones de la cruz es cuando "todas las cosas" que te suceden, incluso las dolorosas, ya no dictan tu vida. Solo unos cuantos versículos después de Romanos 8:28, Pablo nos lleva a otro conjunto de "todas las cosas"; pero esta vez, no se trata de cosas buenas, según la perspectiva humana. Él escribe: "Como está escrito: Por causa de ti somos muertos todo el tiempo; somos contados como ovejas de matadero. Antes, en todas estas cosas somos más que vencedores por medio de aquel que nos amó" (vv. 36-37).

Así es como sabes que has accedido a las bendiciones de la cruz, cuando logras subyugar cosas que antes solían subyugarte a ti. Cosas que solían dominar tus emociones, tu tiempo y tus pensamientos, que ahora tú dominas. Ahora tú controlas lo que antes solía controlarte a ti.

> HAS ACCEDIDO A LAS BENDICIONES DE LA CRUZ, CUANDO LOGRAS SUBYUGAR COSAS QUE ANTES SOLÍAN SUBYUGARTE A TI.

Esa es la definición de una verdadera bendición. Las bendiciones no siempre vienen en una caja brillante o con un motor rápido. Las mayores bendiciones en la vida incluyen la capacidad de disfrutar de paz y estabilidad a pesar de las circunstancias. Incluyen fortaleza de carácter y fortaleza mental. Estas son las bendiciones que te traerán más alegría y victoria, porque cuando experimentas estas bendiciones, descubres el deleite de la vida y sabes qué es realmente la abundancia.

EL PODER DE LA CRUZ

Cualquiera que haya visto alguna vez boxeo profesional se habrá dado cuenta de que esas peleas están previamente arregladas. Antes que cualquier boxeador entre al ring, se ha determinado quién será el vencedor, y quién el perdedor. Sin embargo, el proceso de llegar a esa victoria aún tiene sus altibajos, sus idas y vueltas. Entre la campana de apertura y la finalización habrá golpes reales, moretones y algo de violencia en el camino. Pero todas esas cosas están ayudando para el bien de un fin predeterminado.

Dios ya ha predeterminado tu vida, el futuro y la esperanza que tiene para ti (Jer. 29:11). Sin embargo, la forma en que te desempeñas en el ring en tu camino hacia la victoria está vinculada, en gran medida, al hecho de estar cumpliendo el propósito de tu vida de ser conformado a Jesucristo y su cruz.

El gran regalo

Hacía un tiempo que Juan y Julia eran novios cuando él decidió llevarla a un restaurante de lujo. Julia se emocionó cuando Juan la invitó y le dijo que la amaba. Luego añadió: "Tengo algo especial para ti esta noche".

Aquel sábado, después que llegaron al restaurante de lujo, él fue a su auto a buscar el regalo y volvió con una caja muy grande, demasiado grande para ponerla sobre la mesa. De modo que la dejó en el suelo junto a ellos. Puesto que la mayoría de los regalos "especiales" vienen en pequeños paquetes, Julia estaba confundida; pero confiaba en lo que su novio le había dicho y trató de disfrutar de la comida.

Cuando terminó su agradable cena, Juan le entregó el regalo. Julia le quitó la cinta con delicadeza mientras se preguntaba qué había dentro. Abrió la tapa para ver aquello extraordinariamente especial que él le había mencionado. Entonces vio lo que había dentro. ¡Era una almohada!

—¿Me compraste una almohada? —le preguntó ella tratando de no mostrar su decepción.

—Bueno, no exactamente eso —dijo él.
Ella lo volvió a mirar y le pidió que siguiera hablando.
—Esa almohada es para mí —continuó él.
Hubo otro silencio. Pero en ese momento él tomó la almohada, la colocó en el piso junto a ella, se arrodilló sobre la almohada y le propuso casamiento.
—Quisiera saber —dijo él mientras ella contenía las lágrimas—, si me concederás el privilegio de pasar el resto de tu vida contigo.
Esa almohada no le parecía importante al abrir el regalo. Para ella, no tenía sentido. Pero cuando el novio usó la almohada para un propósito especial, eso que no era nada se convirtió en todo.
A veces la cruz podría no parecernos importante. Para muchos es solo un objeto de madera de otra cultura de la antigüedad. Pero cuando entiendes que hay mucho más en ella que lo que parece, y cuando la usas correctamente en relación con quien fue crucificado en ella, la cruz se convierte en todo. Por el poder de la cruz, Dios te dará todas las cosas gratuitamente. Eso que es "nada" se convierte rápidamente en todo cuando lo usas bien.

Pagado en su totalidad

El señor López se emocionó cuando abordó el barco de lujo para su primer crucero. Había ahorrado para pagar ese crucero de cuatro días, pero el pasaje era tan costoso que no le había quedado dinero extra para la comida. Cuando al día siguiente vio que todos los demás pasajeros estaban comiendo, se sintió mal porque tenía mucha hambre. Puesto que había empacado algunas sardinas y galletas para su excursión de cuatro días, regresó a su camarote y comió solo, mientras que todos los demás disfrutaban de la primera de muchas comidas abundantes.
El último día de viaje, se dirigió a la cocina con su estómago gruñendo de hambre. López le preguntó a uno de los cocineros

si le podía dar tan solo un sándwich. Entonces el cocinero lo miró desconcertado y le respondió: "¿No sabes que en la tarifa del pasaje está incluida la comida?".

Todo lo que este hombre necesitaba estaba a su disposición para que lo disfrutara; él simplemente no sabía que podía acceder a eso.

En la cruz, Dios ha pagado el precio de "todas las cosas" para tu vida. Cosas que ha prometido darte gratuitamente por medio de Jesucristo. No tienes que adquirirlas, ganártelas o ser perfecto para obtenerlas. Vienen por la fe en la sangre derramada de Jesús a través de lo que Dios ha denominado gracia.

Cada vez que te sientes tentado a cuestionar el amor de Dios, Él te invita a mirar la cruz. Te dice, básicamente: "Si no salvé a mi propio Hijo, si te he amado tanto para hacer eso, entonces nunca deberías preguntarte si te amo. Créeme. Estoy usando estas cosas para tu bien".

¿Cuánto te ama Dios? Él te ama hasta la muerte, incluso hasta la muerte en una cruz. Cuando tú y yo incorporemos la verdad de la cruz a cada aspecto de nuestra vida, podremos reconocer la presencia de las bendiciones de Dios en nuestra vida. De lo contrario, siempre estaremos mezclando la duda con la fe, contaminando la fe, y de esa manera eliminaremos el poder que nos da acceso a la gracia de Dios. Porque "sin fe es imposible agradar a Dios" (He. 11:6).

El camino de la cruz

Me gustaría poder decirte que el camino para experimentar todas las cosas no tendrá obstáculos ni contratiempos. Ojalá pudiera decirte eso a conciencia, pero no puedo. La postura de la Biblia al respecto es mi postura: Dios nunca nos promete un camino de rosas libre de dificultades. Es cierto que muchas predicaciones de prosperidad y bendición tratan de pintar ese

LAS BENDICIONES

cuadro de un camino a favor, vacío de conflictos o sufrimiento. Pero ya que eso no es lo que Dios dice, yo tampoco lo voy a decir.

Tal vez quieras un domingo de resurrección en tu vida, como todos nosotros lo queremos. Pero ten en cuenta que no hay resurrección el domingo sin un viernes... y la cruz. Jesús no fue exaltado por Dios hasta después del calvario. Tuvo que pasar por un gran dolor para poder ayudarnos a atravesar nuestro dolor.

La bendición de una resurrección solo puede venir a través de la relación con la cruz. No puedes resucitar de entre los muertos si no has muerto. Tampoco Dios puede resucitar las cosas en tu vida, ya sea una carrera, una relación, tu corazón, tus finanzas, tu salud o cualquier otra cosa, sin identificarte públicamente con la cruz.

No importa si a algunos les parece no políticamente correcto, feo y ofensivo, aun así el dolor de la cruz es el único camino hacia el poder y el gozo en la vida cristiana.

Cicatrices de amor

Un día una mujer quedó atrapada en una tormenta de granizo. Las grandes piedras de granizo caían tan precipitada e impetuosamente sobre ella que ya no pudo correr más para llegar a resguardarse bajo techo. Un hombre dentro de una tienda cercana la vio luchando y salió corriendo. La cubrió con su cuerpo y, mientras amortiguaba la fuerza de las piedras, la acompañó a la tienda. El granizo que habría caído sobre ella brutalmente, en cambio, cayó sobre él.

Cuando logró llevarla a salvo al interior de la tienda, tenía toda la parte superior de su cuerpo lleno de enormes magulladuras. Le sangraba un brazo por un corte que le había provocado el granizo y también le sangraba su mejilla izquierda a causa de una herida. La mujer le dio las gracias. Quería recompensar con algo especial a ese extraño que se había preocupado tanto por protegerla. De modo que lo invitó a cenar una comida casera la semana siguiente. Una cosa llevó a otra, y finalmente se enamoraron y se casaron.

Un día, una amiga le preguntó sobre las cicatrices del rostro y brazos de su marido, y ella le dijo: "Cada mañana al despertarme, lo miro y, al ver sus cicatrices, paso mis dedos sobre ellas porque sé que son el resultado de haberme protegido. Esas cicatrices son hermosas para mí, porque sé que si él estuvo dispuesto a hacer eso, me protegerá de cualquier otra cosa que pueda enfrentar en el futuro".

Cuando tú y yo lleguemos al cielo, estaremos de pie ante Dios en una forma glorificada y perfeccionada. Seremos perfectos, porque no hay imperfección en el cielo, excepto una. Todavía habrá quien tenga cicatrices, y ese es Jesucristo. Veremos las cicatrices en sus manos por haber sido clavado en la cruz, y la cicatriz de la lanza en su costado. Y habrá otras marcas. Sabemos esto, porque después que resucitó de los muertos y se apareció a Tomás en su cuerpo glorificado, le dijo que tocara la marca de la lanza en su costado (Jn. 20:27).

En la gloria, nuestro Dios Jesucristo tendrá cicatrices, un recordatorio durante toda la eternidad de cuánto nos ama a ti y a mí. Pero incluso ahora no quiere que perdamos de vista esas cicatrices, porque son una prueba positiva de que podemos pasar por esta vida con abundancia y en absoluta victoria y no simplemente sobreviviendo. Las bendiciones de la cruz se encuentran en las cicatrices de Aquel que nos amó lo suficiente como para entregarse a sí mismo para protegernos a ti y a mí.

CONCLUSIÓN

LA VICTORIA FINAL

SE CUENTA LA HISTORIA mitológica de dos hombres que hace muchos años estaban en un mercado cuando el primero vio a una criatura horripilante venir hacia él. El hombre miró a su amigo y le preguntó:
—¿Qué es eso?
—Es el señor Muerte —respondió su amigo rápida y sombríamente.
Mientras el grotesco ser se acercaba aún más al primer hombre, este sintió que temblaba hasta los tuétanos. Sin saber qué hacer o a dónde ir, le dijo a su amigo:
—Viene hacia mí... ¿qué hago?
—Si fuera yo —contestó su amigo—, me montaría en un caballo y me iría al pueblo vecino para escapar de sus garras.
Eso es exactamente lo que el hombre hizo, se fue cabalgando por el campo lleno de miedo y pavor. Aquella noche, mientras cabalgaba hacia el pueblo vecino, el hombre suspiró aliviado de haber podido escapar con éxito y vencer al señor Muerte, solo para descubrir, después de recuperar su aliento, que este horrible ser estaba justo frente a Él, a varios pasos de distancia.
Abatido y desanimado, el hombre permaneció allí sin habla. Cuando el señor Muerte se acercó, le dijo:
—He venido a buscarte.

—¡Pero te vi en mi pueblo natal esta mañana y vine aquí para escapar de ti! —respondió el hombre.

Entonces el señor Muerte respondió: —¿Sabes qué? Es que soy un poco curioso; yo también te vi en tu pueblo natal hoy, pero mi cita contigo era hoy por la noche en este pueblo.

No importa cuán rápido corras, no importa cuántas millas corras, cuánto peso levantes o cuántos vasos de jugo orgánico recién exprimido bebas, nunca podrás escapar del señor Muerte. Este señor tiene la habilidad de localizarte dondequiera que estés, y no llegará tarde. La Biblia afirma explícitamente que "de la manera que está establecido para los hombres que mueran una sola vez, y después de esto el juicio" (He. 9:27). Es posible que llegues tarde a muchas cosas en tu vida, pero llegarás a tiempo para esta. En este mundo, no hay forma de escapar de la muerte.

De todos los problemas que tú y yo enfrentamos, que son muchos, la muerte es, sin lugar a duda, el más grande de todos. Nada produce más temor, ansiedad o incertidumbre que el señor Muerte. Este señor tiene la costumbre de estropearnos un buen día. No importa lo sofisticados que sean nuestros centros de atención médica ni lo avanzado de nuestros tratamientos y medicamentos, nunca podremos conquistar el efecto de la muerte.

Tan real y traumática es esta realidad, que pocos de nosotros nos referimos a ella como la muerte. Más bien, decimos que "se fue" o "ya descansa". Y, en vez de decir que enterramos a alguien en el cementerio, decimos que lo colocamos en la parcela de la familia. Suena menos duro y menos drástico de esa manera. Sin embargo, no importa la fraseología que elijamos utilizar, el señor Muerte es solo eso, la muerte, y permanece de pie, esperando para llevarse la vida de su próxima víctima.

Cómo enfrentan los seres humanos a la muerte

Una forma en que la humanidad ha tratado de lidiar con el carácter definitivo de la muerte es creer en la reencarnación.

Esta creencia alega que, de alguna u otra manera, una fuerza misteriosa te traerá de nuevo a una segunda vida terrenal. Quizás vuelvas mejor que antes o tal vez peor, todo basado en el estilo de vida que hayas llevado en tu primera vida en la tierra.

Otras personas prefieren creer en el purgatorio, que vendría a ser un lugar a medio camino entre el infierno eterno y el cielo eterno, que les permitirá tener otra oportunidad para escapar del juicio. Y aún otros pretenden ignorar por completo al señor Muerte, y simplemente dicen que, cuando te mueres, se acaba todo. Que no hay un más allá. Dicen que para nada existe la vida después de la muerte.

Estos miedos y asociaciones que tenemos con la muerte no son de ninguna manera infundados. Dios dice en su Palabra que la vida es como una neblina. Todos somos nada más que una "neblina que se aparece por un poco de tiempo, y luego se desvanece" (Stg. 4:14). Esto es similar a los fuegos artificiales de la fiesta de Año Nuevo que brillan intensamente durante unos momentos, solo para disiparse y desaparecer con la misma rapidez.

El salmista concluyó: "Porque mis días se han consumido como humo" (102:3). Y Job dijo que la muerte es el "rey de los espantos" (Job 18:14). La muerte es imprevisible. Podría ser un accidente automovilístico, un ataque al corazón, un derrame cerebral, incluso una bala perdida o un accidente de aviación. La muerte no da aviso de las probabilidades para que ninguno de nosotros sepa cuándo aparecerá en nuestra vida.

¿Qué tiene que ver esto con la cruz?, te preguntarás.

Todo. La cruz fue necesaria para que hubiera una resurrección. La cruz es el gran preludio para ver al Conquistador de la Muerte.

Pablo escribe: "Pero si se predica de Cristo que resucitó de los muertos, ¿cómo dicen algunos entre vosotros que no hay

EL PODER DE LA CRUZ

resurrección de muertos? Porque si no hay resurrección de muertos, tampoco Cristo resucitó. Y si Cristo no resucitó, vana es entonces nuestra predicación, vana es también vuestra fe" (1 Co. 15:12-14). ¿Puedes ver la relación? Pablo dice que si Cristo mismo ha resucitado de los muertos, entonces ¿por qué estás perdiendo una cantidad excesiva de tiempo en debatir lo que sucede con los muertos? Si no hay resurrección, entonces se supone que Jesucristo también está muerto. Y si Cristo no ha sido resucitado, entonces tú deberías cerrar el libro, yo debería dejar de escribir y predicar, y todos deberíamos dejar de creer. Después de todo, ¿de qué sirve creer en alguien que todavía está muerto?

Además, seríamos falsos testigos de Dios al decir que Cristo resucitó de entre los muertos si, en realidad, los muertos no resucitan en absoluto. Porque si los muertos no resucitan, tampoco Jesús ha resucitado. Y si Jesús no ha resucitado, entonces nuestra fe es una pérdida de tiempo, porque tú y yo todavía estamos en nuestros pecados. Peor aún, Pablo añade: "Entonces también los que durmieron en Cristo perecieron. Si en esta vida solo esperamos en Cristo, somos los más dignos de conmiseración de todos los hombres (vv. 18-19).

> EN LA CRUZ DE JESU-
> CRISTO, JUNTO AL PODER
> DE LA RESURRECCIÓN,
> ENCONTRAMOS NUESTRA
> SALVACIÓN ETERNA.

En otras palabras, Pablo dice que si lo único que Jesús puede hacer es ayudarte en esta vida, pero no en la siguiente, entonces deberías buscar algo más. Porque todo el mundo necesita ayuda más allá de esta vida, no solo en esta. Por eso Pablo invirtió días, tiempo, esfuerzo y energía en la predicación de la cruz de Cristo. En la cruz de Jesucristo, junto al poder de la resurrección, encontramos nuestra salvación eterna. Luego Pablo declara la mayor de las victorias que la cruz nos garantiza a cada uno de nosotros:

Mas ahora Cristo ha resucitado de los muertos; primicias de los que durmieron es hecho. Porque por cuanto la muerte entró por un hombre, también por un hombre la resurrección de los muertos. Porque así como en Adán todos mueren, también en Cristo todos serán vivificados. Pero cada uno en su debido orden: Cristo, las primicias; luego los que son de Cristo, en su venida (vv. 20-23).

En estos versículos, Pablo vincula la cruz a la victoria de la resurrección que también es nuestra. Debido a lo que Jesús hizo tanto al morir como al resucitar, el señor Muerte ya no tiene autoridad sobre ti ni sobre mí. Amigo, no conozco ninguna noticia mejor que esta para darte: la victoria de la resurrección de Jesucristo, dos mil años atrás, hizo que aquello que más temes se convierta en algo que no debes temer en absoluto. La buena noticia de la resurrección es que la muerte misma ha sido vencida.

La Biblia dice en Hebreos 2:15 que Jesús vino para "librar a todos los que por el temor de la muerte estaban durante toda la vida sujetos a servidumbre". La esclavitud no es algo bueno, en ningún nivel. Y si de alguna manera la muerte te atemoriza, te has vuelto esclavo de ella. De hecho, si te asusta demasiado volar, a pesar de que todo se controla mecánicamente y que las personas que manejan los instrumentos están calificadas, entonces eres un esclavo de la muerte. Todo aquello que te atemoriza terminará por gobernarte.

Sin embargo, Pablo nos recuerda que la combinación de la cruz con la resurrección ha conquistado la muerte. Él lo expresa de manera muy poética cuando escribe que lo corruptible se vestirá de incorrupción, y lo mortal de inmortalidad. En ese momento, escribe Pablo, cada uno de nosotros dirá: "Sorbida es la muerte en victoria. ¿Dónde está, oh muerte, tu aguijón? ¿Dónde, oh sepulcro, tu victoria? ya que el aguijón de la muerte es el pecado, y el poder del pecado, la ley. Mas gracias sean dadas a Dios, que nos da la victoria por medio de nuestro Señor Jesucristo" (1 Co. 15:54-57).

El pecado, la ley y la muerte

Mira, la muerte existe porque el pecado existe. Si no hubiera pecado, no habría muerte. Dios le dijo a Adán que el día que comiera del fruto prohibido, moriría (Gn. 3:3). Y a través de Adán, la muerte entró en la humanidad. De modo que la única razón por la que la muerte existe es por el pecado.

Pero Pablo explica en el pasaje que acabamos de leer que "el poder del pecado [está en] la ley". La única razón por la que existe el pecado es porque existe una norma de rectitud que lo corrobora: la ley. La única manera de saber que existe el pecado y qué es el pecado es que alguien nos hable de la ley. Es por leer la Palabra de Dios y sus normas. Es por conocer y entender la ley de Dios.

Por ejemplo, la única razón por la que sabemos que nos pueden detener para hacernos una multa por exceso de velocidad es porque hay un letrero que indica el límite de velocidad. Si no hay límite de velocidad, no hay ninguna multa por exceso de velocidad. Solo se puede condenar por infringir la ley; porque hay una ley para transgredir. Si no hay ley, no hay pecado. Si no hay pecado, no hay juicio. Como vimos en un capítulo anterior, la ley no existe para hacerte justo, sino para revelar tu pecado. Dios no nos dio los diez mandamientos para que los cumplamos, sino para revelarnos cuántas veces no los cumplimos. Lo mismo sucede con la ley, su norma en nuestra vida. Él nos dio esa norma a través de su Palabra y la vida recta de Jesucristo para mostrarnos que, a menudo, quebrantamos sus normas tanto en pensamiento como en hechos, lo cual redunda en pecado.

Todos hemos pecado y estamos destituidos de la gloria, la perfección y la santidad de Dios (Ro. 3:23). Y por eso nos enfrentamos a lo que Dios llama la "paga" del pecado, que es la muerte

(6:23). Así que, si el pecado conduce a la muerte y todos pecamos, entonces si queremos librarnos de la muerte, tenemos que resolver el problema del pecado. Esto significa que la única manera de resolver el problema del pecado es cumplir con las exigencias de la ley.

A causa del pecado, la única manera de cumplir la ley divina de Dios para que no estuviéramos más bajo la condenación de la muerte era a través de un sacrificio sin pecado. Aquí entra Jesucristo. Y entra la cruz y la posterior resurrección. Esto hace que Pablo declare: "Mas gracias sean dadas a Dios, que nos da la victoria por medio de nuestro Señor Jesucristo" (1 Co. 15:57).

La victoria de la resurrección significa que la muerte ha sido derrotada a fin de que cada hombre, cada mujer, cada muchacho o cada muchacha, que tiene una relación personal con Jesucristo, jamás tengan que sufrir la muerte final. Hay resurrección en Jesús. No creo que haya noticias mejores que estas. Jesucristo cumplió la ley en la cruz. En su resurrección venció las consecuencias de quebrantar esa ley.

El Salvador perfecto, el pago perfecto

Sin embargo, no todo eso tuvo lugar en la cruz. Primero Jesús pasó treinta y tres años sin mancha ni pecado en la tierra, porque Dios solamente estaría satisfecho con alguien que fuera perfecto. Por eso Jesús dijo en su bautismo que Él había venido a cumplir toda justicia (Mt. 3:15). En esencia, Él vino a cumplir toda la ley. Por eso, cuando leemos los Evangelios, vemos que Él cumple meticulosamente la ley y es perfecto en cada detalle. Por consiguiente, reunía las condiciones para convertirse en el Salvador de la humanidad, puesto que no tenía que salvarse a sí mismo. En la cruz, Jesucristo como Hijo de Dios, al haber cumplido toda la ley, llevó nuestro pecado y venció a la muerte.

Cuando vas a un restaurante y pides algo para comer, el camarero te trae una factura al final de tu comida. Ya sea que pagues con tarjeta de crédito o en efectivo, una vez que pagas, el camarero te trae un recibo que no solo reconoce que has efectuado el pago, sino también que el pago fue aceptado. Ambos son importantes, porque si tu tarjeta no es validada o tu billete de veinte dólares resulta ser falso, tu pago será anulado y seguirás debiendo la comida. En ese caso, tendrás que buscar otro método de pago.

La muerte de Jesús en la cruz no solo ofreció el pago por el pecado de toda la humanidad (pasado, presente y futuro), sino que cuando en la cruz dijo: "Consumado es", la traducción literal de esas palabras se refiere a una deuda. Significa "pagado en su totalidad". El pago de Cristo fue aceptado. A raíz de eso, sabemos que el pago se hizo. Sin embargo, ¿cómo sabemos que su pago fue aceptado? La resurrección de Jesucristo es el recibo del pago del viernes por la deuda de los pecados de la humanidad. Jesucristo es un registro vivo del pago hecho y aceptado.

La muerte ya no tiene aguijón

Debido al pago inequívoco de Cristo, solo tenemos una cosa que decir al señor Muerte: "¿Dónde está, oh muerte, tu aguijón?". Porque como creyente en Jesucristo, cuando llegue tu hora de dejar esta tierra, ni siquiera tendrás un momento de transición. En un abrir y cerrar de ojos estarás en medio de la perfecta presencia del Salvador. Revivirás en un estado plenamente eterno. Básicamente, ni siquiera morirás, sino que pasarás a la perfección de Dios mismo.

Cuando realmente comprendes esto, la muerte pierde su poder de intimidación. Cuando sabes que tus seres queridos, que también creían en Jesús, no se fueron para siempre, sino que los volverás a ver, eso suaviza la ausencia. Claro que los extrañas. Pero la eternidad es extremadamente larga para recuperar el tiempo perdido.

Un padre estaba llevando a su hijo en auto un día cuando

una abeja entró por la ventanilla abierta. El padre sabía que su hijo era muy alérgico a las abejas y por el rabillo del ojo vio que el niño empezaba a entrar en pánico. El padre extendió la mano y atrapó a la abeja con su propia mano, la apretó y luego la soltó. La abeja comenzó a volar velozmente y a zumbar alrededor del muchacho otra vez y el niño empezó a pedirle ayuda a su papá.

"Hijo, no te preocupes —dijo su padre—. La abeja está haciendo mucho ruido, pero ya no tiene el aguijón". El padre abrió su mano y le mostró dónde la abeja lo había picado.

La muerte todavía hace mucho ruido en nuestras vidas y en el mundo que nos rodea. Pero la mayor victoria que la cruz ganó para ti y para mí es que la muerte ha perdido su aguijón. La resurrección de Jesucristo significa que, en el peor de los casos, todo lo que puede hacer por ahora la muerte cuando se asoma es una sombra, no la muerte misma.

Pablo dice que estar ausente del cuerpo es estar presente con el Señor (2 Co. 5:8). Piénsalo. Cuando comprendes esta verdad en el fondo de tu alma, te das cuenta de que como creyente en Jesucristo y su cruz, ni siquiera llegas a experimentar la muerte el tiempo suficiente para saber que has muerto. Menos que el tiempo que te lleva parpadear, pasas de la tierra al cielo... de repente.

Cuando mueres, es el principio y no el fin. Es una boda, y no un funeral. La muerte es tu introducción a una nueva vida. Y, gracias a la cruz, puedes enfrentarla con valor.

La victoria es nuestra

Entonces, ¿qué debería hacer esa verdad por ti en esta vida? Pablo nos da la respuesta también al terminar su discurso sobre este tema de la vida y la muerte cuando dice: "Así que, hermanos míos amados, estad firmes y constantes, creciendo en la obra del Señor siempre, sabiendo que vuestro trabajo en el Señor no es en vano" (1 Co. 15:58). Este es el efecto resultante de la victoria de Cristo sobre la muerte en nuestras vidas. Ya no tenemos que estar condicionados por el temor o la incertidumbre, debemos ser valientes, constantes y apasionados en nuestra obra para el Señor. Tenemos confianza en hacer esto, así como un empleado tiene confianza de que recibirá la recompensa de un pago por su trabajo al final de la semana o del mes.

Demasiados cristianos todavía viven con dudas con respecto a la muerte. O simplemente se niegan a pensar en ella por completo. Tener esta actitud hace que la obra para el Señor parezca pesada en muchos sentidos. Después de todo, ¿qué provecho y rentabilidad trae? Pero cuando la realidad de la vida eterna y de la victoria sobre la muerte tiene una imagen concreta en tu corazón, tu alma y tu mente, trabajar para el Señor es lo más sensato del mundo. Un día lo verás cara a cara. En ese momento estarás contento por todo lo que hiciste en su nombre. Recibirás una recompensa por tu dedicación, servicio y amor. Experimentarás por siempre lo que has acumulado para la eternidad en tu vida terrenal. Todo esto es cierto gracias a la cruz y la resurrección. Y si vives tu vida desde ese punto de vista, tomarás decisiones que reflejen el corazón, los propósitos, el punto de vista y el plan del reino de Dios en la tierra.

Amigo, vive a la luz de la victoria que es tuya en Jesucristo. Él se entregó a sí mismo para que tú pudieras, por su gracia y misericordia, experimentar la plena manifestación de tu propia victoria.

EPÍLOGO

UNIDAD AL PIE DE LA CRUZ

LOS ATLETAS DE UN EQUIPO pueden trabajar juntos a pesar de las diferencias de clase, raza y creencias. Los alcohólicos pueden emborracharse en unidad, no importa quién esté alrededor. Incluso los drogadictos "consumen drogas" unidos más allá de las diferencias raciales.

Sin embargo, el cuerpo de Cristo todavía se divide debido a todas esas diferencias, y más. ¿Cuál es la raíz de la incapacidad de los cristianos de estar unidos más allá del color, clase, cultura y denominación? Creo que se debe a que no hemos comprendido realmente lo que Cristo logró para nosotros en la cruz.

No tenemos un verdadero entendimiento de la gracia asombrosa, aunque cantemos sobre ella. La relativización del calvario y todo lo que allí se ganó nos mantiene divididos y, en consecuencia, somos ineficaces en la extensión del reino de Dios en la tierra.

A fin de procurar hacer uso del poder de la cruz en nuestra vida cotidiana, aquí hay una aplicación práctica final: que las verdades halladas a través de la reconciliación con Dios conduzcan a la unidad entre nuestras iglesias.

Justo antes de su arresto y crucifixión, Jesús oró por sus

seguidores, presentes y futuros. Su oración, registrada en Juan 17, revela el deseo de Cristo para nosotros "que todos sean uno; como tú, oh Padre, en mí, y yo en ti, que también ellos sean uno en nosotros; para que el mundo crea que tú me enviaste" (v. 21). La oración de Cristo era que cuando Él dejara esta tierra, Dios trajera unidad en la humanidad a través de la Iglesia. Cristo sabía que si los inconversos nos veían unidos —a nosotros, que somos tan diferentes en tantos aspectos—, tendrían que creer que Dios realmente había enviado a Jesucristo, su Hijo. El propósito de la unidad que nosotros logremos a través de la cruz es para que el mundo pueda creer que Jesús es real.

La sublime oración sacerdotal de Jesús hace que esté supeditado a la unidad funcional de la Iglesia la demostración visual de su veracidad ante el mundo. Si la Iglesia no muestra tal unidad, sucede lo opuesto: la falta de armonía entre nosotros desacredita a Jesucristo y la cruz.

Tan vital fue esta oración, que Dios hizo de su contenido —la unidad en el amor— el criterio para la experiencia plena de nuestra relación con Él. Vemos esto en la primera carta del apóstol Juan: "Si alguno dice: Yo amo a Dios, y aborrece a su hermano, es mentiroso. Pues el que no ama a su hermano a quien ha visto, ¿cómo puede amar a Dios a quien no ha visto? Y nosotros tenemos este mandamiento de él: El que ama a Dios, ame también a su hermano" (1 Jn. 4:20-21). En otras palabras, no podemos tener una cosa sin la otra. Nuestra comunión e intimidad con Dios dependen de nuestra relación unos con otros. Es más que la oración de Cristo antes de dar su vida en la cruz, es un mandamiento. La unidad —ser uno— en el cuerpo de Cristo es un mandato.

Muchos están pidiendo un avivamiento en nuestra nación, yo incluido. Los problemas que nos atormentan parecen más grandes que nunca. Estamos en el precipicio de graves consecuencias por decisiones nacionales que nos han afectado a todos. Sin embargo, falta una cosa en el cuerpo de Cristo para que pueda producirse el avivamiento, y es la unidad. Dios no va a bendecir a una Iglesia dividida y esquizofrénica. No va a bendecir a una iglesia racista, clasista ni legalista. Al pie de la cruz, todos estamos en las mismas condiciones: salvos solo por la fe en Cristo. Esa es la unidad por la cual Jesús oró, y por la cual murió.

En ninguna otra parte esta verdad se hace tan clara como en mi libro favorito de la Biblia: Efesios, donde encontramos la teología de la unidad. Conocemos también el poder más grande de la cruz, después de la salvación, y recibimos el llamado a nuestro propósito supremo, testificar de Cristo, su muerte y su resurrección al mundo *a través de nuestro amor unos por otros*. Leemos:

> Pero ahora en Cristo Jesús, vosotros que en otro tiempo estabais lejos, habéis sido hechos cercanos por la sangre de Cristo. Porque él es nuestra paz, que de ambos pueblos hizo uno, derribando la pared intermedia de separación, aboliendo en su carne las enemistades, la ley de los mandamientos expresados en ordenanzas, para crear en sí mismo de los dos un solo y nuevo hombre, haciendo la paz, y mediante la cruz reconciliar con Dios a ambos en un solo cuerpo, matando en ella las enemistades (2:13-16).

En la cruz, Jesús derribó nuestras paredes de separación. Estableció nuestra paz. Compró nuestra unidad con su propia sangre. Por eso hemos sido llamados a "guardar" la paz más que a crearla. Nuestra unidad ya ha sido creada en Cristo Jesús a través de la cruz; por eso debemos dirigirnos a la cruz si queremos experimentarla. Pablo describe esta unidad en Efesios 4: "Con toda humildad y mansedumbre, soportándoos con paciencia los unos a los otros en amor, solícitos en guardar la unidad del Espíritu en el vínculo de la paz" (vv. 2-3).

Dios no nos ha pedido que busquemos la unidad o que pen-

EL PODER DE LA CRUZ

semos cómo celebrar seminarios de reconciliación; sino que vayamos con humildad, mansedumbre y paciencia al pie de la cruz para guardar la unidad que Cristo *ya nos ha comprado* con su muerte. Según las Escrituras, Jesús ya estableció nuestra paz, abolió nuestras enemistades y derribó nuestras paredes de separación. "Ya no hay judío ni griego... no hay varón ni mujer" (Gá. 3:28). No, cuando todos estamos al pie de la cruz.

Si simplemente vivimos con humildad la unidad que Cristo ya ha logrado para nosotros, no solo podemos transformar nuestras familias, iglesias y comunidades; sino que también podremos transformar toda nuestra nación y el mundo. En la cruz tenemos el poder para nuestra victoria. Pero solo podemos acceder a ese poder conjunto mediante la unidad.

Como sabes, el agua y el aceite no se mezclan. En realidad, por lo general, no se mezclan. Hay una excepción. La excepción se produce cuando se agrega un emulsionante al aceite y al agua, como por ejemplo, un huevo. Lo que el huevo hace es ligarse al aceite y ligarse al agua y así liga a ambos. En nuestra cultura actual estamos compuestos por tantas etnias, trasfondos, etapas de la vida, preferencias y denominaciones diferentes, que terminamos cada uno persiguiendo nuestros propios intereses, segmentados unos de otros sin lograr hacer un impacto unidos para Dios. Lo que Cristo hizo en la cruz se convirtió en nuestro emulsionante. En Él, aunque seamos diferentes, encontramos lo que nos une para el bien común.

Unidad nunca es uniformidad; sino unidad de propósito. El propósito de la unidad alcanzada en la cruz fue para que el mundo sepa que Jesús es el Cristo, el Hijo de Dios. Ese es nuestro propósito; sin embargo, eso es lo que no difundimos ni proclamamos cuando estamos tan divididos.

La cruz logró muchas cosas para nosotros, como hemos visto a lo largo de este libro. La cruz nos da poder, bendición, gracia y mucho más. Pero hay solo una cosa que Jesús dijo que daría testimonio de Él a todas las naciones, y es la paz en la unidad que Él logró para nosotros en la cruz.

Nuestra división no es solo una decepción para Dios; es desobediencia. Si no sabemos cómo permanecer unidos en el cuerpo de Cristo, debemos aprender a lograrlo. Porque sin la unidad, la muerte, la sepultura y la resurrección de Cristo pasan desapercibidos y quedan velados para muchos que lo necesitan como su Señor y Salvador.

Jesús pagó el precio final para nuestro beneficio y nuestro provecho cuando dio su vida en la cruz. ¿No le debemos todo? ¿No deberíamos tratar de dar testimonio de Él? Es mi oración que nosotros, como un cuerpo de creyentes, aprendamos no solo a recibir nuestra paz, sino también a ser verdaderamente uno.

EL PODER DE LOS NOMBRES DE DIOS

TONY EVANS

En esta vida hay problemas…pero DIOS tiene un NOMBRE para todos y cada uno de ellos.

Al estudiar y comprender los rasgos de Dios tal como se revelan mediante sus nombres, estarás más preparado para enfrentarte a la adversidad y a la victoria, a la pérdida y a la provisión y a todos los desafíos de esta vida.

NUNCA ES DEMASIADO TARDE

El camino inesperado de Dios al éxito

TONY EVANS

El doctor Tony Evans utiliza personajes bíblicos importantes, cuyas acciones no fueron conformes al carácter de Dios, para ilustrar la verdad de que Dios se deleita en usar a las personas imperfectas que han fallado, pecado, o simplemente fracasado. Los lectores se sentirán alentados acerca de su propio caminar con Dios al entender que Él los está encaminando hacia el éxito, a pesar de las muchas imperfecciones que tienen y los errores que cometen.

EDITORIAL PORTAVOZ

NUESTRA VISIÓN

Maximizar el efecto de recursos cristianos de calidad que transforman vidas.

NUESTRA MISIÓN

Desarrollar y distribuir productos de calidad —con integridad y excelencia—, desde una perspectiva bíblica y confiable, que animen a las personas a conocer y servir a Jesucristo.

NUESTROS VALORES

Nuestros valores se encuentran fundamentados en la Biblia, fuente de toda verdad para hoy y para siempre. Nosotros ponemos en práctica estas verdades bíblicas como fundamento para las decisiones, normas y productos de nuestra compañía.

Valoramos la excelencia y la calidad
Valoramos la integridad y la confianza
Valoramos el mérito y la dignidad de los individuos y las relaciones
Valoramos el servicio
Valoramos la administración de los recursos

Para más información acerca de nuestra editorial y los productos que publicamos visite nuestra página en la red: www.portavoz.com